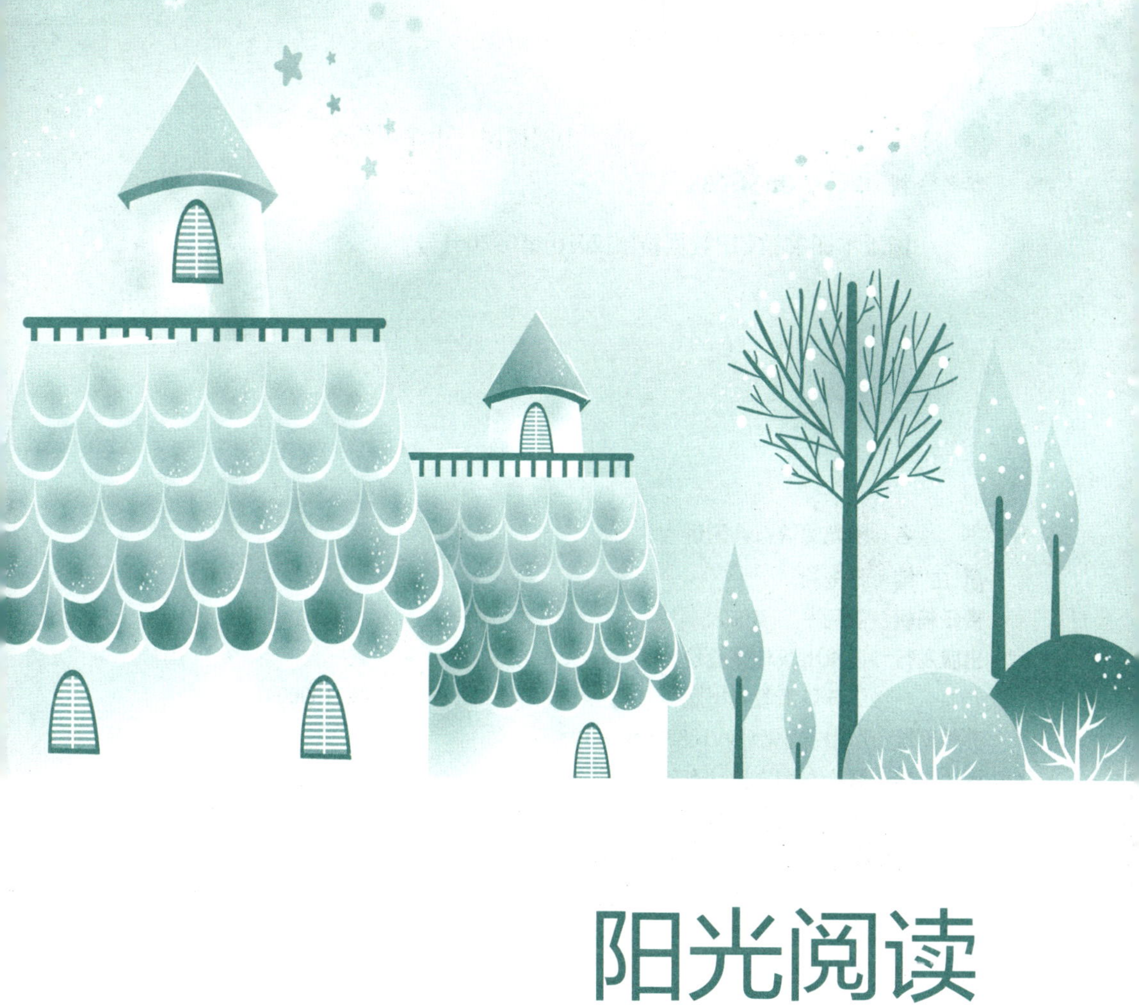

阳光阅读

社团讲堂

总 主 编：张金豹
本 册 主 编：俞秀玲　蒋万清
本册副主编：程　雯

图书在版编目（CIP）数据

阳光阅读．社团讲堂 ／ 张金豹总主编．—南京 ：江苏凤凰教育出版社，2016.5（2023.11重印）

ISBN 978-7-5499-5713-2

Ⅰ．①阳… Ⅱ．①张… Ⅲ．①阅读课－中学－教学参考资料 Ⅳ．①G634.333

中国版本图书馆CIP数据核字(2016)第093061号

书　　名	阳光阅读：社团讲堂
总 主 编	张金豹
责任编辑	雷利军　李佃云
出版发行	凤凰出版传媒股份有限公司 江苏凤凰教育出版社（南京市湖南路1号A楼　邮编210009）
苏教网址	http://www.1088.com.cn
照　　排	红十月图文设计有限公司
印　　刷	唐山富达印务有限公司
厂　　址	唐山市芦台经济开发区农业总公司三社区
开　　本	787毫米×1092毫米　1/16
印　　张	6.5
字　　数	89千字
版　　次	2016年5月第1版　2023年11月第2次印刷
书　　号	ISBN 978-7-5499-5713-2
定　　价	38.00元
网店地址	http://jsfhjycbs.tmall.com
邮购电话	025-85406265，85400774　短信 02585420909
E － mail	jsep@vip.163.com
盗版举报	025-83658579

前　言

根据近年来的社会需求和教育发展形势，特别是2008年高起点完成市级初中标准化学校建设以来，二桥中学校长室、党支部立足高点，谋划全局，通过学习、讨论逐步统一了全校教职工的认识：要全面实施素质教育，实践“阳光教育”办学理念——立足校园实际，进一步挖掘内部潜力，调动教师的积极性，发挥教师的特长，全面组织开展以学生社团活动为主要载体的多形式多渠道的校园活动，以此进一步培养学生的特长，彰显学生的个性，让每一位学生都有自己的特长，都能成为有二桥中学特色的“阳光少年”。

实施素质教育的目的是让每一位学生都能得到自主发展。二桥中学校长张金豹认为，通过开展各种形式的校园文化活动，既能培养学生的兴趣和爱好，又能促进学生的个性发展和健康成长，同时让每一位学生都具备一定的特长，使素质教育落到实处。基于这样的理念，2008年春，二桥中学开始试验性地组织、指导学生社团活动。几位有特长的教师率先行动，指导学生建立了书法社、舞蹈社、科技社和合唱社，并精心制作了招募宣传海报。海报在校园一贴出，立即引起了热烈的反响，吸引了很多同学踊跃报名。学生们的激情一旦被唤醒，便充满了无限的创造力。经学生们自己动手组织，各个社团的社长、组织部长和宣传部长等社团骨干相继产生，各个社团的活动计划、规章制度迅速出台。当活动真正开展起来的时候，指导教师才发现，学生的能力是很强的，学生的热情是很高的，社团活动的效果是很好的，指导教师逐渐变成了旁观者、协调者。经过一个学期的尝试，定场所、定时间、定人员成了二桥中学社团活动的常态。2008年秋，学生社团规模进一步发展壮大，在原有“四社”的基础上，又陆续增加了美术社、英语口语社、话剧社、武术社、手工社、健美操社、蓝球社、足球社、记者社等10多个学生社团，全校学生社团参与率由当初的13%提高到了100%。学生社团活动的开展，大大释放了学生的个性。学生参与活动的热情和学习热情同时高涨，学有所得，玩有其乐。二桥中学学生社团活动开展得红红火火，完全印证了张校长当初的设想。

依托学生社团活动的开展，二桥中学在特色教育方面取得了显著成绩。学生通过丰富多彩的社团活动，充分展示了自己的才华，也分别在众多比赛中取得了优异的成绩。在2008—2010年度，二桥中学举办的校园文化艺术节获得了全校师生的一致好评；2009年，二桥中学在汉阳区中小学生迎国庆合唱比赛中获得金奖，同年，二桥中学又在武汉市首届“大家唱，大家跳”艺术教育展演活动中一举获得合唱第一名、广播操第一名和全能一等奖等三项大奖，奖项总数列全市第一；2009年和2010年，二桥中学在汉阳区中小学生田径运动会中获得初中组团体总分第一名；2009年，在由中国艺术教育促进会主办、《中国校外教育》杂志社有限公司承办的第十四届全国中小学生绘画书法作品比赛中，二桥中学美术社选送的作品《庆国庆》荣获一等奖，《双龙戏凤迎国庆》《国庆60年》等作品荣获二等奖，在参赛阵容和作品质量等方面，二桥中学都代表了武汉市中小学生的最高水平。

二桥中学将继续以完善和丰富学生社团为重要方式，致力于培养学生的阳光心态，促进学生的全面发展，让二桥学子在这片激扬着青春、激情与梦想的天空中自由地翱翔……

目 录

心语社教学案

学会感恩

一、理论依据

融洽的人际关系是心理健康的一种表现，也是心理健康的促进剂。懂得感恩，懂得付出，是形成良好的人际关系的前提。一些人之所以人际关系不佳，究其根本原因就是不懂得感恩，不懂得付出，不体谅别人。就如有的人总是在抱怨自己得到的太少，但是又不愿意付出。

二、活动目标

1. 让学生懂得感恩，懂得付出。

2. 让学生学会体谅他人，学会“用四个手指迎接爱”。

三、活动方式

1. 做游戏。

2. 讲述与讨论。

四、活动步骤

1. 让一半的同学先围成一个圆圈，另一半的同学分别站在围成圆圈的同学的身后，形成一个稍大的圆圈。

2. 播放音乐。里圈的同学转过身，与外圈的同学相对而站。教师介绍游戏规则：“当我说‘手势’时，如果你与对方都伸一个手指，表明你们之间比较陌生，而且不愿认识对方，那么听到我喊‘动作’时就请把脸转向左边。如果你们同时伸出两个手指，表明你们愿意相识，那么听到我喊‘动作’时就握一下手。如果你们同时伸出三个手指，表明喜欢对方，那么听到我喊‘动作’时就握一下手。如果你们同时伸出四个手指，表明你们愿意分享对方的快乐，承担对方的痛苦，能为对方真心诚意地付出，那么听到我喊‘动作’时就请拥抱对方。如果你与对面的同学伸出的手指数不一样，就不需要做动作。”

3. 开始做游戏：老师说“手势”，完成一个动作。

4. 里圈的同学向左跨一步，再次进行游戏……重复做游戏，直到向左行进半圈。

5. 教师小结：总伸一个手指的同学应该明白一个道理了吧？为什么你们的朋友一个个地离开了你们？因为你们根本就不懂得付出。你们总是在抱怨自己得到的太少，可是你们又付出了多少呢？大家回头看一看，有多少人因为你的舍不得付出而与你擦肩而过了。也许等到你愿意付出时，已经没有机会了！

6. 里圈的同学再向左跨一步，再做一次刚才的游戏。

7. 请同学自由讨论（只有懂得体谅别人，懂得感恩，懂得付出，才能拥有良好的人际关系，并应该首先从自己做起——用四个手指迎接爱）。

8. 请同学自愿到讲台上谈谈自己的感受（鼓励游戏开始时总伸出一个手指，而最后一次伸出了四个手指的同学谈谈自己的感受）。

9. 教师总结：当对生活充满了感激时，你会觉得自己得到了很多，你会觉得自己是可爱的，因为很多人都在为你默默地付出着。纵然生活中有风有雨，你也不会害怕，因为有那么多爱你的人会支持你……我们要学会用四个手指迎接爱。

学会信任和接纳

一、活动主题

学会信任与接纳

二、活动时间

45分钟（一节课）

三、活动目标

培养心语社成员之间的默契，增强互信基础

四、活动对象

七年级心语社成员50人

五、活动过程

1. 热身活动：寻找我的组员（约20分钟）

（1）活动目标：通过本次活动认识彼此，建立互动关系。

（2）活动准备：一副扑克牌。

（3）活动操作：将扑克牌随机发给每一位成员，拿到同一数字的成员即为一组，每组四位成员。分好小组之后，四个成员围坐成一圈，自由交谈5分钟，互相认识。然后，全体成员围成一圈坐下，轮流将各自的小组成员介绍给大家，使团体中每一个成员都能互相认识。

2. 主题活动：镜中人（约25分钟）

（1）活动目标：培养成员对他人的敏感性，相互沟通，相互接纳。

（2）活动操作：团体成员两人一组，一人自由做动作，另一人模仿，两分钟后互换角色，不可以说话，用心体会对方的用意。结束后互相交流，确认自己对他人的理解是否准确。然后仍然两人一组，一人说话，另一人照原话重复叙述，两分钟后互换角色。结束后两人交流讨论，分享体会。

正确对待挫折

一、理论依据

以心理学的观点来看，挫折是指人们在从事有目的的活动时，由于受到阻碍和干扰，其需要得不到满足时出现的一种消极的情绪反应。如果处理不当，它会给人造成心理压力，从而影响学习和生活，损害身心健康。对学生进行挫折教育，使学生正确对待挫折，具有三方面的作用。

（1）战胜学习中的困难，顺利完成学业。

（2）战胜生活中的困难，成为一个独立的人。

（3）战胜自身弱点，成为一个具有健康人格的人。

可见，帮助学生正确对待挫折，不但对其自身的成长有益，而且对他们在将来适应社会具有积极的意义。

二、活动目标

1. 通过讲述与讨论等方式，使学生懂得挫折是人生中不可避免的一种情况，不要害怕挫折，要正确对待挫折。

2. 通过现场采访及观看电视录像，使学生知道战胜挫折需要迎难而上、坚韧不拔的意志，向学生渗透“战胜挫折才能取得成功”的思想。

3. 介绍减轻心理压力、调节情绪的几种方法。

三、活动步骤

1. 讲述与讨论

2. 现场访问

3. 观看电视录像

（1）谈话引入。

① 读“悄悄话信箱”中一封没有署名的同学来信：上学期期末考试，因为语文没有考好，我没被有评上“三好”学生。直到现在，一想起这件事，我就会掉眼泪，甚至有些灰心丧气。我该怎么办呢?

② 请同学说说自己遇到的挫折。

③ 普通人会遇到挫折，那么名人呢？请看名人的“挫折档案”。

出示美国前总统林肯的简历：22岁生意失败，23岁竞选州议员失败，24岁再次生意失败，27岁精神崩溃，29岁竞选州议员发言人失败，34岁竞选国会议员失败，37岁当选国会议员，39岁寻求国会议员连任失败，45岁竞选参议员失败，47岁竞选副总统失败，49岁竞选参议员再次失败，51岁当选美国总统。

④ 提问：从林肯的简历中，你发现了什么？林肯是经历了多少次失败才获得成功的?

老师向学生指出：人生的道路不可能一帆风顺、万事如意，我们在生活、学习和工作中都会遇到挫折，如果能够正确看待挫折，那么挫折就不可怕。

（2）请你来当“知心姐姐”。

① 给写信的那位同学出主意，鼓励他战胜困难，赢得成功。

② 老师在学生讨论的基础上指出：面对挫折，应当以冷静的态度分析原因，才能使自己摆脱挫折，转败为胜。

（3）如果是我，怎么办？

① 老师讲述《现代健康人》刊登的一篇通讯——《老师罚抄课文，学生自缢身亡》。

1998年5月7日，新疆建筑工程总公司附属小学六年级的小学生李星睿同学，因为没有按要求补写老师布置的抄课文的作业，被老师罚抄课文。当天下午1点40分，李星睿的爸爸妈妈回家，发现女儿躺在客厅里，脖子上缠着一条红领巾，由于发现太晚，经抢救无效死亡。

② 师生讨论：如果这件事发生在你身上，你该怎么办？

（4）老师发给学生一份简单的问卷，了解学生对于遇到挫折后各种表现的看法，并向学生介绍几种调节受挫心理的方法，如渲泄法、转移法、自我暗示法等。

（5）老师进行总结：在成长的道路上，我们会遇到各种各样意想不到的困难和挫折，只要以健康的心态去对待它们，就可以做到不在失败中倒下，而从挫折中奋起。

英语社教学案

第一课

Period 1

Step 1 Pronunciation

No.1 关键词：love

关键句：I love money. 我喜欢钱。

A: I love money.（我喜欢钱。）

B: Everyone loves money.（每个人都喜欢钱。）

No.2 关键词：lucky

关键句：I'm just lucky. 我只是运气好。

A: How did you become so successful?（你是如何取得如此大的成就的？）

B: I'm just lucky.（我只是运气好。）

No.3 关键词：work

关键句：Did it work? 这行得通吗？

A: Did it work?（这行得通吗？）

B: I'm not sure yet.（我还不确信。）

【发音秘诀】"Did it"要连读。

No.4 关键词：perfect

关键句：Nobody's perfect. 没有十全十美的人。

A: You made a mistake!（你犯了一个错误。）

B: Nobody's perfect.（没有十全十美的人。）

No.5 关键词：matter

关键句：What's the matter? 什么事?

A: What's the matter?（什么事？）

B: Nothing is the matter. Everything is fine.（没什么。一切顺利。）

No.6 关键词：teacher

关键句：Our English teacher is great. 我们的英语老师很好。

A: Our English teacher is great.（我们的英语老师很好。）

B: You're so lucky to have a good teacher.（你们有这样一位好老师真是幸运。）

No.7 关键词：about

关键句：Forget about it. 忘记它吧。

A: I'm sorry I'm late.（很抱歉，我来迟了。）

B: Forget about it.（忘记它吧。）

No.8 关键词：together

关键句：China and America should work together. 中美应该携手合作。

A: China and America should work together.（中美应该携手合作。）

B: You're exactly right.（你说得太对了。）

Step 2 英文电影赏析

《阿甘正传》（*Forrest Gump*）是一部根据同名小说改编的美国电影，小说作者是温斯顿·格鲁姆（Winston Groom），该影片荣获1995年奥斯卡金像奖最佳影片奖、最佳男主角奖、最佳导演奖等6项大奖。

经典台词

1. Stupid is as stupid does.

做傻事的才是傻瓜。

2. If God intended everybody to be the same, he'd have given us all braces on our legs.

如果上帝要让人人都一样的话，他会给每人一双脚撑。

3. Life was like a box of chocolates, You never know what you're going to get.

人生就像一盒巧克力，你永远不知道会尝到哪种滋味。

4. Jesus loves you more than you will know.

耶稣对你也特别垂青。

5. You said it all.

你说得很好。

6. A promise is a promise.

要信守诺言。

7. I paid my respect to Bubba himself.

我也去看望了巴布本人。

8. You have got to put the past behind you before you can move on.

你只有忘记以往的事情，才能够继续前进。

9. When I got tired, I slept. When I got hungry, I ate. When I had to go, you know, I went.

当我累了，我就睡觉。当我饿了，我就吃饭。当我想去，你知道的，我就去。

第二课

Period 2

Step 1 Play a game

1. 教师读一段对话或课文。

2. 让几个学生担任对话或课文中的角色（或人，或物）。

3. 教师先把整段文章读一遍或讲一遍。

4. 教师在讲述第二遍的时候，每提到一个人或物，扮演该角色的学生就需要马上站起来，如教师讲 Saturday afternoon, the pupils are cleaning their classroom. The teacher is with them. (“Teacher” 站起来) Look, Wang Hai is cleaning the window. (Wang Hai 站起来)

5. 变化：可编排其内容，如 At the Zoo 或In the Park。

6. 作用：培养学生理解短文内容、找出关键词的能力。

Step 2 Oral English

1. I see. 我明白了。

2. I quit! 我不干了！

3. Let go! 放手！

4. Me too. 我也是。

5. My god! 天哪！

6. No way! 不行！

7. Come on. 来吧。

8. Hold on. 等一等。

9. I agree. 我同意。

10. Not bad. 还不错。

11. Not yet. 还没。

12. See you. 再见。

Step 3 美国学生的校园生活介绍

美国的普通教育分为3个层次，即基础教育、中等教育和中等后教育（主要是大专院校、职业教育等）。基础教育包括婴儿学校、幼儿园和小学阶段，小学一般是6年制。中学有两种学制，一种是6年制，从7到12年级（7～8年级为初级中学）；另一种是7年制，从7到9年级为初级中学，10到13年级为高级中学。

在小学，一个班大约有二十多个人。根据学生的实际状况，把学生分成几个小组，各组所使用的教科书及教学进度不同。全年级学生虽然同时毕业，但各组所学的东西不完全相同，一组所学的东西可能是另外一组的二至三倍。在初中，学生人数也在二十左右。同一个班的学生只有上自习及导师课时才在同一个教室，上其他课时因分组及选修课不同，铃声一响就各人找各人的教室。他们每个人都有自己的储藏柜，平时自己的衣物及书籍就放在里面。

上小学时，他们的书籍完全放在学校里。小学的课程有阅读、算术、语言、科学和社会科学。另外的音乐、美术和体育则只上课不考试，也个评分。小学成绩单上的评分仅用三个英文字母表示，分别是G（好）、S（满意）、N（需要努力）。初中的课程是数学、英文、科学（为物理、化学及自然等的综合课）、社会科学（为历史、地理及人文等的综合课）、法文。另外的工业艺术、木工、军事、美术等学科，每科仅修半学期，体育则不算分。初中成绩单用A、B、C、D、E、F、I七个字母表示。A是最好，F是最差，l是半途而废。

美国学生升入初中后才开始背书包。美国的中学生每天要上六至十节不同的课，每节课大约有三十到六十分钟。每天，他们会在不同的教室面对不同的老师，与不同的同学一起学习。他们的课外生活十分丰富，学校里有很多课外兴趣小组，如国际象棋俱乐部、外语俱乐部、表演队、绘画班、刺绣班、武术班等。即使五音不全，你也可以参加合唱团，重要的是学校鼓励你参与。

美国中学生的周末生活可谓丰富多彩。学生们一般在星期五、星期六晚上和朋友们一起办派对。他们常常去广场和电影院闲逛，或去他们认为比较酷的餐馆，或去朋友家里。大部分的美国学生在星期天会去教堂，跟随教堂的青少年团体参加社会慈善活动，然后回家完成作业，跟家人团聚。最受中学生欢迎的是大家一起在某个朋友家留宿。因为中学生不能开车，他们的交通通常需要依赖父母，所以父母对他们玩的时间管得比较严格，经常会限定他们晚上回家的时间。

第三课

Period 3

Step 1 Enjoy a Song

Are you going on Thanksgiving Day
To those family celebrations
Passing on knowledge down through the years
At the gathering of generations
Every year it's the same routine
All over, all over
Come on over, it's Thanksgiving Day
Papa looks over at the small gathering
Remembering days gone by
Smiles at the children as he watches them play
And wishes his wife was still by his side
She would always cook dinner on Thanksgiving Day
It's all over, it's all over
It's all over the American way
But sometimes the children are so far away
And in a dark apartment on the wrong side of town
A lonely spinster prays
...
Come on over, come on over
Come on over, it's Thanksgiving Day

Step 2 Introduction of Thanksgiving Day

History

Traditionally, Thanksgiving is a time "to give thanks" for a plentiful harvest, because it is celebrated on the last Thursday of November at the end of the harvest season.

However, the history of Thanksgiving is not clear, because the harvest season is celebrated in many countries and cultures. Americans commonly celebrate the first harvest of the "pilgrims", or the first colonists to settle in North America, in 1621. Many colonists came to the New World for religious freedom, because England did not allow diversity in religion. Native Americans and colonists did not always live together peacefully, but they did learn from each other by trading goods and farming methods. So many people celebrate the first successful harvest of the colonists.

Family

Thanksgiving is usually celebrated by getting together with lots of family, including grandparents, aunts, uncles and cousins. The meal is held in one family's home, and it is common for guests to bring drinks, snacks and desserts. Because Thanksgiving is close to Christmas, families can spend one holiday with the mother's family and the other holiday with the father's family. University students can invite boyfriends, girlfriends or friends whose families live too far away to come home with them for the holiday.

Food

The first image that comes to mind when people think about Thanksgiving is a big, fat turkey. Turkeys are indeed enormous; the average Thanksgiving turkey is 15 pounds, or 6.8 kilograms. (This means that people have to eat turkey sandwiches for weeks after Thanksgiving) The meal, often held in the late afternoon, also includes mashed potatoes with gravy, bread rolls, stuffing (which can be cooked inside the turkey), cranberry sauce, sweet corn, and other seasonal vegetables like sweet potato and green beans. For dessert, pumpkin pie is most popular, although many families enjoy other kinds of pie as well, such as apple pie, pecan pie or blueberry pie.

Step 3 Pray

制作千纸鹤，写下祝福语，为你要感恩的人祈祷。

第四课

Period 4
英文剧《灰姑娘》表演剧本

Characters

Cinderella; Stepmother; Stepsister1; Stepsister2; Godmother; Prince; Guard; Birds and the mice (Both two children).

Act 1

Once upon a time, there lived a kind and lovely girl. She was so kind, even to the mice, and the birds are her good friends. Every morning the birds woke her up from her dream with their sweet songs.

Cinderella: Good morning, Birds!

Birds: Good morning, Cinderella!

But after her father's death, her stepmother became cruel to her. Her two stepsisters teased her, Let her do all the housework.

Stepmother: Go to do the laundry and clean the floors right away.

Cinderella: Yes mother!

Stepsister1: Cinderella! Get my sweater and my gloves for me. It is so cold.

Cinderella: Yes sister!

Stepsister2: Hurry up! Where is my breakfast? I'm to be late for my date.

Cinderella: I am cooking for you, my dear sister!

Cruel as her stepmother and her sisters were to her, Cinderella still lived an optimistic life.

Act 2

One day, the king held a party for the prince to choose a girl he loved. Every maid in the town was invited to the party. The guard sent the message to every family.

Guard: The prince will hold royal ball at the palace, every girl is invited to the ball that night. And the prince will choose the most beautiful girl as his wife on the ball.

Stepmother: Every girl is invited and one lucky girl would be the prince's wife! Oh! What a great message!

Cinderella: That means I can go to the ball too.

Stepsister1: You can go? Go to the royal ball? Dancing with the prince?

Stepsister2: She is only fit to dance with a broom! Ha ha ha!

Cinderella: But it says every girl is invited!

Stepmother: So it does. You may go, if you can get all the housework done, and find something to wear. Now go to clean the floor!

Cinderella: But, but I just cleaned it this morning.

Stepmother: Clean it again! (Shouting) Then cook meals for us. We will go to the ball tonight.

Stepsisters: Ha ha ha! (Laughing)

Her stepmother was so cruel to Cinderella that her animal friends all sympathize with her.

Bird 1: Cinderella, do this!

Bird 2: Cinderella, do that!

Mice: Cinderella will never have time to go to the ball. Dancing with the prince and become his wife!

Birds: Oh! Poor Cinderella!

The stepmother was jealous of Cinderella's beauty, so she took her two daughters to the party, leaving Cinderella at home. She was broken-hearted. At that time, the fairy godmother appeared.

Cinderella: There's nothing left to believe in. Nothing!

Godmother: Nothing, my dear? Oh, now you don't really mean that.

Cinderella: Oh, but I do.

Godmother: Nonsense, child!If you'd lost all your faith, I couldn't be here. And here I am! Oh, come here now. Dry your tears!

Cinderella: Why then, you must be...

Godmother: Your fairy godmother? Of course. Now let's see, hmm...now...the magic words. Ma-di-ga-Ka-da-ba!

After the magic words, Cinderella wearied a pretty dress. The mice turned to be two horses, and birds turned to be her waiters. And a beautiful carriage appeared in front of her.

Cinderella: Oh, beautiful! What a beautiful dress! And a carriage! It's like a dream, a wonderful dream come true.

Godmother: Hop in, my dear, we can't waste time!but like all dreams, well, my dream will end. At midnight the bell will be broken.

Cinderella: Midnight? Oh, thank you. I promise to be home before midnight.

Godmother: Bless you, my child.

Act 3

At that moment, Cinderella made her entrance. The prince stared in wonder. Here was the girl of his dreams. The prince asked Cinderella to dance.

Cinderella danced with the prince around the ballroom all the time. Every girl admired Cinderella and her beauty!

After the ball, the prince and Cinderella walked in the garden. Time passed quickly. All of a sudden, Cinderella caught sight of the clock on the wall. Oh, it is almost twelve o'clock—five to twelve!

Cinderella: Oh, my goodness!

Prince: What's the matter?

Cinderella: It's midnight. It's almost midnight. I must go!

Prince: Yes, so it is. But why?

Cinderella: Goodbye.

Prince: No, no, wait! You can't go now.

Cinderella: Oh, I must, please, I must.

Prince: But why?

Cinderella: Goodbye.

Prince: No, wait, come back. Please come back! I don't even know your name. How will I find you? Wait, please wait! Wait!

Cinderella hurried to be off and left one of her glass shoes in the garden. The prince ordered his guards to find the shoes' owner.

Act 4

Prince: Find the girl who is fit the shoe. I will marry her.

The next day, every maid in the town was ordered to try the glass shoe. Whoever the shoes fitted well would be the bride of the prince. No one could put on the shoe, nor could the two stepsisters. When the officials were going to leave, Cinderella appeared and asked to have a try. But her stepmother didn't want Cinderella to marry the prince.

Cinderella: Please wait! May I try it on?

Stepmother: Oh, pay no attention to her.

Stepsister1: It's only Cinderella!

Stepsister2: Impossible.

Stepsister1: She's out of her mind.

Stepmother: Yes, yes. Just an imaginative child.

Guard: Of course, you can have a try, my fair lady.

Guard: Oh, It fits perfectly!

Cinderella: You see, I have the other shoe.

Guard: You must be the girl the prince want to find!

Act 5

Cinderella and the prince held a grand wedding and they led a happy life from then on.

Ending with dancing, everybody should come together.

记者社教学案

报社记者讲座

教学环节	教师活动	学生活动	设计意图
记者培训	邀请报社记者给学生培训，以其亲身经历为例，帮助学生树立远大理想。	倾听	培养兴趣
	观看视频：小记者采访的片段。	观看	切身感悟
	小组展示：让学生谈谈对本小组记者身份的感悟。	展示	培养思维能力
记者互动	观看视频：11岁小记者采访奥巴马。	观看思考	培养新闻敏感性
	互动：针对自己感兴趣的问题提问。	提问	互动
	小组交流：每个小组当场尝试完成一个采访任务，记者点评。	采访	培养实践能力
	布置任务：谈谈你对这次活动的体会。	完成任务	收获

小记者亲身采访

教学环节	教师活动	学生活动	设计意图
了解记者工作的方法	观看影片资料：记者是如何工作的。	观看	切身感悟
	小组交流：互相谈感想。	交流	提高认识

续表

教学环节	教师活动	学生活动	设计意图
活动设计分享	小组讨论：策划一个采访活动（校园艺术节、社团活动、运动会等）。	设计	培养合作精神
	完成计划：教学生写计划。	写计划	培养实践能力
	布置任务：在课余时间采访身边的人或事，录像。	完成任务	收获
	分享体会：交流活动体会。	交流	反思

观看采访记录，提升写稿能力

教学环节	教师活动	学生活动	设计意图
采访回顾	观看每个小组的采访记录。	观看	思考
	小组交流：谈谈对每个小组的采访的意见与建议。	交流	提高认识
写稿	教师讲解通讯稿的写作要求：①现实性；②形象性；③评论性。	记录	培训专业知识
	范文品读。	思考	
	写稿：对本次的小记者实践活动进行写稿宣传。	写稿	培养写作能力
	投稿：向学校网站、地区网站、报社投稿。	投稿	扩大影响
	布置任务：每周写一篇报道。	写稿	提高能力

参观报社，深化认识

教学环节	教师活动	学生活动	设计意图
参观报社	体验：联系报社，让学生参加实践体验活动。	参观	思考
	交流：和报社的叔叔阿姨们交流。	交流	提高认识
活动报道	组织学生对此次参观活动进行写稿宣传。	写稿	锻炼
深化认识	小组讨论：你对当小记者有什么看法？怎样才能当好小记者呢？	讨论	培养沟通能力
	讨论：小组讨论。	讨论	深化认识
	交流：组织学生交流当小记者的经验。	交流	互相学习
	布置任务：写一篇“报社之行”感悟。	写感悟	培养情商

健美操社教学案

校园健身操《青春魅力》（一）

教学内容	1. 基本步伐练习。 2. 校园青春健身操《青春魅力》组合动作。	教学目标	1. 80%的学生能熟练掌握健美操组合。 2. 增强学生协调、灵敏和柔韧等身体素质，提高心肺功能。
教学重点	基本步伐的掌握和连贯性。	教学难点	身体协调配合及动作的表现力。

课的部分	教学内容	教师活动	学生活动	组织形式	目标检测
常规导入	1. 考勤，检查着装，安排见习生。 2. 师生问好。 3. 宣布本节课的教学内容及教学目标，提出要求。 4. 注意力集中练习。	1. 集合，登记考勤，安排见习生。 2. 讲述课的内容及目标，并提出要求。 3. 喊口令。	1. 在指定位置集合。 2. 师生问好。 3. 集中注意力，听教师口令。	组织： × ★	快静齐、精神饱满、严肃认真
热身运动	简单、基本的步伐练习：踏步、单并步、交叉步、吸腿跳、弹踢腿跳。	1. 提示要领，观察学生动作。 2. 领操，喊口令。	积极配合，认真参与。	组织： 四列横体操队形，每个动作做 2 × 8 拍。	营造良好的教学气氛

续表

课的部分	教学内容	教师活动	学生活动	组织形式	目标检测
学习与体验	根据之前学习的基本手形与步伐，进行组合，并自编队形。	1. 布置要求。 2. 巡回观看，找出表现较好的学生。 3. 进行点评。	1. 练习各自的组合动作。 2. 积极投入练习。	一个动作只能做8拍，不得少于16×8拍。 1. 分开练习。 2. 请个别组队进行表演。	积极认真
身心恢复	做放松操、点评，师生再见。	领操，共同放松。 总结情况，进行积极评价。			愉悦

校园健身操《青春魅力》（二）

教学内容	组织实施	教学目标
热身	1. 教师带领学生进行练习。 2. 教师组织学生进行分组练习，巡回指导。 3. 教师示范完整动作和分解动作。 4. 教师运用领做法、递加法、完整法、分解法、节奏变换法等教学方法进行教学。	培养学生的节奏感，并在充分热身的过程中复习巩固学习过的动作。

续表

教学内容	组织实施	教学目标
学习校园健身操基本动作	1. 学生认真完成练习动作。 2. 学生仔细观察，建立正确的动作概念。 3. 学生采用集体、分组学习动作的方法，进行练习。	通过运用多种教学方法，使学生快速掌握技术动作。
自学反方向动作	1. 学生以2人为一小组，合作探究“小马跳”“V”字等反方向动作。 2. 教师巡回指导。 3. 小组之间相互学习，相互促进。	加强动作的力度和优美性，增强韵律感。
创编空间	1. 自由组合创编队形。 2. 进行合作学习、交流。	培养学生的创新意识和团队协作精神。
放松与小结	1. 教师领做舒展柔美的拉伸放松操，学生模仿，充分拉伸，调整呼吸，放松身心。 2. 学生自评、互评，教师归纳、讲评。 3. 教师布置课后作业：复习第1～3节组合动作及队形，自学第4～5节组合动作。	调整放松。

校园健身操《青春魅力》（三）

教学目标	运动参与目标：积极参与健身操的各个动作的学习，学会正确的动作姿势。 运动技能目标：掌握健身操的动作，增强健身操的节奏感。 心理健康目标：培养互学互助、团结协作的集体精神，陶冶情操，增强自信心。

续表

教学内容	学习健身操第4～5节组合动作，复习第1～3节组合动作。		
课的部分	教学内容	师生活动	组织实施
活力热身	做热身操：（各4个8拍） 1. 头部运动。 2. 肩部运动。 3. 扩胸运动。 4. 膝盖运动。	1. 教师边示范边提示动作，并提出要求。 2. 学生集体练习。 3. 学生听音乐自己练习。	1. 学生认真做好课前热身运动。 2. 学生观察教师的示范动作，按教师的要求做。
体验动作	动作要点： 1. 第3～4拍自右脚开始。 2. 3个8拍：前4拍原地摆臂踏步。第5拍出右脚向前点地，第6拍右脚收回，左手再敲打一次。	1. 教师示范完整动作。 2. 教师带领学生练习分解动作。 3. 教师带领学生练习组合动作。 4. 教师指导学生练习动作。 5. 教师巡回辅导学生练习。	1. 学生观察教师的示范动作，认真听讲。 2. 学生在教师的带领下练习分解动作。 3. 以小组为单位练习所学动作。
身心恢复	1. 放松。 2. 总结，评价。 3. 宣布下课。	1. 音乐伴奏（健身操音乐）。 2. 教师带领学生感受音乐的动感和节奏。 3. 教师总结，评价。 4. 安排值日生收器材。 5. 宣布下课。	要求： 1. 两脚弹性要好。 2. 动作要有幅度和力度。 3. 精神饱满，节奏性强。

校园健身操《青春魅力》（四）

教学内容	1. 复习《青春魅力》第1～5段套路，提高组合动作的规格及表现力。 2. 学习校园健身操队形变化和路线编排。
教学目标	1. 巩固提高《青春魅力》第1～5段组合动作的规格及表现力，提升学生的健美操专项能力。 2. 塑造健美形体，培养学生乐观开朗、积极向上的态度，提高艺术审美能力。 3. 通过自主学习和合作创编，激发学生的学习兴趣，提升实践和创新能力，培养团结合作意识和精神。

课的部分	教学过程与方法	教学要求
课堂常规	1. 学生集合，汇报人数。 2. 师生问好。	集合动作要快、静、齐。
热身操 （音乐伴奏）	1. 教师和学生（一日体委）交替领做，提高练习的积极性。 2. 使用语言（嘿、呵……）激发学生情绪，活跃课堂气氛。 3. 健美操基本步伐中穿插拉丁舞基本动作，巩固提高动作的规格，使动作到位、协调舒展，师生积极互动。	积极互动，共同参与，师生情感交融。
学习健身操的队形编排方法	1. 教师介绍健身操队形的编排原则。 2. 教师用活动展板演示、讲解健身操队形的编排方法。 3. 教师设置模拟小型健美操场和坐标，并指导学生分成四个小组学习队形编排方法。 (1) 对各组组员进行编号。 (2) 进行各种队形的定位练习。 (3) 自主选择队形并进行练习。	认真练习，积极思考，使队形准确到位，配合协调。

续表

课的部分	教学过程与方法	教学要求
合作创编《青春魅力》1～5段组合动作的队形，展示评价（音乐伴奏）	教师讲解健身操1～5段组合动作的队形创编要求，在不改变原组合动作顺序的基础上，根据各组能力、已有知识等进行创编。 1. 分组展示、交流，表达创作情感，提升审美能力。 2. 相互学习和评价，憧憬未来。 3. 教师适当评价，挖掘学生内在潜能。 4. 集体表演，充分展示团队的协作精神与能力，展现青春活力，教师积极参与，激发学生强烈的表现欲，活跃课堂气氛。	队形变化合理，动作舒展到位。 动作到位，有力奔放，姿态优美，激情四射。
放松与小结	1. 教师领做拉伸放松操，学生模仿，充分拉伸，调整呼吸，放松身心。 2. 学生自评、互评，教师归纳、讲评。 3. 教师布置课后作业：复习1～5段组合动作及队形；自学第6～7段组合动作。	共同参与。

科技社教学案

课题的研究过程

一、活动名称

如何研究你所确定的课题?

二、活动意义

在上次社团活动中，社员了解了一个课题该如何确定。在本次社团活动中，教师继续以《海芋的翅膀》为例，让学生了解研究一个课题应经历的过程，在研究过程中应遵循的基本原则，希望对学生产生启发的作用。

三、教师寄语

麻雀虽小，五脏俱全；勤于动手，硕果累累。

四、活动内容

（一）观看《海芋的翅膀》课件

某学校学生以其所在学校的植物海芋为研究对象，观察到海芋植株由一开始的两株，经过两年时间，繁殖到几百株。学生对其繁殖的方式产生了兴趣，对该问题展开了研究。本社团教师通过播放《海芋的翅膀》课件，使学生了解课题研究的基本过程。

（二）归纳总结

1. 个人思考。

对课件中科研团队研究海芋繁殖问题时的过程设置进行思考和总结。

2. 小组讨论。

以小组为单位，将海芋繁殖的研究过程整理出来，在小组中形成统一的意见。

3. 交流讨论。

各小组推选代表发表本小组讨论后的意见，说明本小组对课题研究的一般性过程应包括的环节的认识。

4. 教师总结课题确定的一般性过程。

（三）活动反思

针对《海芋的翅膀》课题的研究是一个非常成功的以学生为主体的课题研究，从课题的选择到课题的研究实施过程，逻辑性强，操作性强，创新性强。以这个成功的课题研究为例，可以让科技社的社员借鉴其他团队的成功经验，启发其思考，进而确立其感兴趣的课题，并能以较为严谨的方式展开研究。

五、反馈信息

1. 在科学研究的过程，我们需要具备哪些品质才可能获得成功？

2. 对你所确定的课题，你想怎样进行研究？写下主要的思路及流程。

实验及结果

一、活动名称

猜猜看，每个实验会有怎样的结果?

二、活动意义

通过生动有趣的实验，让学生体验实验的趣味性。在观察实验并预测实验结果的过程中，锻炼学生的科学思维能力，引发学生对实验现象的思考。

三、教师寄语

在游戏中学习，在游戏中思考，在学习和思考中不断进步。

四、活动内容

（一）社团分组

1. 由于社团的学生较多，而且来自不同的班级，所以先在各班任命一个社团联系员。

2. 社团成员分组：分为服部平次组和工藤新一组，由组员推选组长。

3. 两组采取PK的形式参与社团活动。

（二）PK活动

1. 了解规则。

在小组PK这一环节中，由学生抢答社团老师准备好的题目，答对的小组加1分，答错的由对方小组补充回答。题目由自然知识、发明创造、人文地理及综合类四个板块构成，在完成每个板块的竞答后统计小组得分，比分落后的小组要表演节目。

2. 看实验，猜结果。

教师准备实验器材，当场演示实验，学生思考后进行抢答，预测实验结果。回答正确的同学需要解释其做出如此猜想的原因。在学生回答完毕之后，教师可以视具体情况给予一定的补充解释。在这个过程中，各小组的成员需要合作，尽快得出比较肯定的答案，但不能随便抢答，因为一旦回答错误将会使对方组的成员获得答题的机会。

3. 才艺表演。

比分落后的小组需要表演节目，最好是以集体演出的方式来得到对方小组的掌声，这样才能有机会扳平比分。

4. 活动总结。

学生总结本次活动中的收获，教师做点评。

五、反馈信息

本次活动中，你最大的收获是什么？

水的净化

一、活动名称

该如何对江河中的水进行净化？

二、活动意义

学校坐落于江汉二桥一侧，依傍汉江，因此学生对于该如何对汉江中的水进行净化的问题，产生了兴趣。通过该项目的研究，引导学生独立思考，培养其解决问题的能力，使学生在相互合作的过程中体会到团队的力量，同时增强学生的环保意识和社会责任感。

三、教师寄语

用已有的知识造福社会。

四、目标与展望

1. 项目组采用以学生为主、教师为辅的模式，在学生的讨论下完成想要探究的主要内容——水质净化的方案。探究的切入点是探究净化水质有哪些可行的方案，而不是如何证明水质是否被污染。这样的探究，体现了学生认识问题的层面已由简单的发现问题上升到解决问题。在此过程中，并不要求学生能设计或者发现什么切实有效的净化水的方案，重点在于使其能自觉地思考，提出自己的方案，并能自己想办法解决探究过程中碰到的各种问题。

2. 由于不能在汉江进行大规模的实验，所以以学校已有的假山水池为实验场所，研究水池中的水质改善的问题，使探究的操作性更强。

五、活动内容

1. 学生讨论，拿出自己的解决方案。

2. 教师组织学生到解放公园进行学习，学习解放公园改善水质的方法。

3. 教师再次组织学生进行研究讨论，确定净化水质的实验方案，然后由学生设定具体的实施步骤。

4. 学生进行实验，证明水质是否得到改善，最后得出结论。

5. 教师在研究过程中尽量配合、帮助学生，使学生能够比较顺利地完成探究过程，并得出结论，使学生体会其中的乐趣。教师的另一个重要任务就是帮助记录这个研究过程。

六、反馈信息

1. 本次活动中，你最大的收获是什么？

2. 对于本次活动，你有没有什么改进意见？

一次性碗的研究

一、活动名称

一次性碗会产生哪些危害？

二、活动意义

现在，生活中随处可见一次性碗筷，学生也经常接触和使用一次性碗筷。在使用过程中，学生发现一次性碗的表层有一层防水层。这层防水层的主要成分是什么？对人的身体是否有害？这种材料是否容易被分解？是否会对环境造成较大的压力呢？学生对这些关于一次性碗的问题产生了疑问和探究的兴趣。将日常生活中常见的一次性碗作为研究对象，对其进行科学研究，能够让学生认识到要做生活的有心人，使其了解科学探究是一个怎样的过程，并在此过程中凭借自身和小组的力量克服问题，提高科学思考问题、解决问题的综合素质。

三、教师寄语

用科学的眼光看待事物，用科学的方法研究事物。

四、项目分析

一次性碗十分常见，对其表面防水层的物质的研究可在学生提出简便易行的方案后，在实验室完成。

五、活动内容

1. 学生先通过讨论确定自己想探究的详细内容。

2. 学生可以通过各种渠道和方法先了解一些相关的信息，在此基础上提出探究问题的解决方案，设计实验。

3. 动手完成实验了，验证之前的各种猜想。

六、反馈信息

1. 本次活动中，你最大的收获是什么？

2. 对于本次活动，你有没有什么改进意见？

话剧社教学案

话剧基本知识（一）

一、遵循编剧本的原则，小组集体编写剧本

要求：（1）用人物的对话串成故事；（2）写法参考《威尼斯商人》；（3）可以一边排练一边修改剧本。

二、选出导演，排练剧本

要求：声音洪亮，语速适中，口齿清楚，动作得体大方。

三、组织排演

组织演员排演。

四、教学侧记

评一评演出情况，对优胜小组颁发奖状，评出最佳作品、最佳导演、最佳主角、最佳配角、最佳剧务等。

五、教师根据学生的活动情况进行小结

布置作业：取长补短，修改自己的剧本，课后再排练表演。

话剧基本知识（二）

一、活动方法

1. 观看话剧录像，从直观角度了解话剧。

2. 按照编排，利用写作训练指导学生进行剧本创作，并予以讲评。

3. 对创作较好的剧本进行单独指导。

4. 教师鼓励学生演出较好的剧本，并在排演、道具等方面提供支持和指导。

5. 学生自愿参加演出。

二、活动要求

1. 每位学生独立创作一个话剧剧本作为作业。要注意把握剧本特点进行创作。建议剧情设计要简单，贴近生活。作业可以手抄或打印。

2. 以小组为单位，评选出最佳剧本，可安排组内排演。可进行舞台设计，使用简单道具，并进行简单的化装。

3. 剧本不宜太长，人物要少，最好不换景，演出时间在10～20分钟之间。

4. 如果本小组人员不足，可自由邀请其他同学加盟。

5. 排练时间一律在课后。

话剧基本知识（三）

一、参加对象

话剧社全体成员。

二、活动主题

理解生命，张扬生命。通过排演《歌颂生命》这部话剧，使学生能够通过话剧的创作和表演展示自己的才华，表达对生命的思考。

三、具体要求

1. 剧本来源：校园剧本（精选学生剧本）。

2. 剧本内容：以生命为主题，反映对生命的理解以及对生命意义和价值的思考；尊重生命，欣赏生命，珍惜生命，提高生存技能和生命质量；积极健康，格调高雅；不求全面，只要能反映出其中一点即可。

3. 表演时间：不超过10分钟。

4. 服装道具：根据表演内容自己选定服装，发扬创新精神，自己制作舞台道具，做到既有符合剧情的服装和道具，又精简节约。

话剧基本知识（四）

话剧表演方法技巧指导

语言、发声是戏剧演员从事舞台表演专业活动的重要工具。舞台上的语言、发声不同于生活中的语言、发声，要求清晰响亮，具有传送力，使观众能听清台词；还需要音质悦耳动听，富有感染力，既能给人以美的享受，又能使观众产生情感上的共鸣。

要学会语气、语调的处理，掌握台词的节奏和语言发声的性格化技巧。此外，演员的发声器官必须进行锻炼，力求达到经久不疲，能够保持健康和活力，以胜任繁重的演出活动。训练的内容大致有发声姿态、呼吸方法、元音发声、音素过渡、咬字肌力、共鸣位置、扩展音域、声区连结、音量力度、声音造型等。除了直接使用说的方法练习以外，还可以广泛利用一些歌唱练声的方法，按照音阶、音程拉长字音练习发声。

演员的形体也是塑造人物形象的工具。培养演员必须训练其形体，使其能艺术地再现人物的体态仪表、举止风度，进而准确地表达出人物的思想感情，创造出性格鲜明的艺术形象。训练一般从话剧表演对形体动作的要求出发，既要基本接近生活状态，又要区别于生活而使其具有舞台感；既要有造型感，富有表现力，又不能有固定的程式，因而必须是具体的、鲜明的。为此，演员的形体必须松弛灵活，协调自如，动作轮廓明晰，感应机敏，可塑性强，既能传情又能达意，并且善于捕捉和模拟各种人物的外部特征，以适应扮演不同年龄、职业、性格的人物以及同一人物在不同时期性格上发生变化的需要。训练时一般从芭蕾舞、现代舞、民族民间舞、体操、剑术、戏曲中选择和借鉴一些训练内容，根据各自情况而有所侧重和强调。

学习创造完整的舞台人物形象的方法是演员技巧训练的最后阶段。一般采用独幕剧和多幕剧的排练方式，并在排练过程中讲授必要的创作方法。在这一阶段，演员要系统地学习分析剧本和角色的方法，学习如何进行角色的处理构思，并通过行动体现在舞台上。

完整的舞台人物形象的创造，最终是在演员与舞台美术设计和舞台各部门的工作人员的合作下，在观众面前完成的。因此，学习与舞台美术设计和舞台各部门的合作，学会根据观众的意见不断改进自己的创作，也是演员技巧训练中不可忽视的内容。

中国话剧演员的技巧训练有自己的特点，它学习与借鉴了斯坦尼斯拉夫斯基体系和国外其他演员进行技巧训练的方法，总结与吸收了中国话剧表演艺术的实践经验和中国传统戏曲表演艺术的美学观、演技以及戏曲演员训练方法之精华，逐渐形成了把思想、生活和技巧紧密结合在一起的演员技巧训练法。

书法社教学案

软笔（毛笔）书法

一、学习须知

书法艺术是中国传统艺术的瑰宝。继承和弘扬书法艺术，增强民族自豪感，是当代青少年义不容辞的责任和光荣使命。

1. 写字：看似容易，实则不然。每个字的一笔一画变化万千，一钩一弯层次井然，粗细长短不容紊乱。不下一番苦功夫，难得其真谛。

2. 兴趣：学书法要有兴趣。如果没有兴趣，那么可以在学习书法、欣赏书法作品、增强审美能力的过程中培养并提高兴趣。

3. 坚持：俗话说，“拳不离手，曲不离口；三天不提针，手法便要生；工多艺熟，熟能生巧”。初学书法者，只要选对字帖，坚持苦练，勿自暴自弃，持之以恒，功到自然成。

4. 环境：好空间，好时间，好工具，好心境。

① 好空间：练字房应清静整洁，光线充足，空气流通，桌凳舒适。

② 好时间：清早或晚上皆可练习。千万不要“三天打鱼，两天晒网”，一曝十寒。

③ 好工具：笔、墨、纸、砚性能要好。

④ 好心境：心情舒畅，恬静安逸，勿心猿意马、胡思乱想，勿好高骛远、浅尝辄止。

二、文房四宝

1. 笔：初学者宜用羊毫，易买，便宜，柔软适中。中楷、长锋较适宜。

新笔杆直、锋正，使用前要先用清水泡开，用后洗净挂好。

2. 墨：市场上有售，浓淡适宜，不需研磨。千万别让墨汁污染了衣物，以致影响美观。

3. 纸：习字可用便宜的毛边纸、废旧报纸等。写作品应用宣纸（生宣纸吸水性好，但易扩散破碎；熟宣纸用明矾处理过，不易扩散破碎）。

4. 砚：各种砚台皆可，亦可用杯、盘等容器代替。

三、姿势要点

1. 姿势：坐姿、站姿均可，提倡用站姿。要求头正、身正、手正、笔正、心正、字正。

2. 腕法：有枕腕、提腕、悬腕三种，提倡用悬腕。

3. 执笔：① 执笔方法有虎口法、鹅头法、凤眼法等，提倡用虎口法（拇指节骨向外凸出），忌用凤眼法。② 五指分工为擪（音yè，即用拇指紧紧压住笔管内侧）、押、钩、格、抵（顺序为拇指、食指、中指、无名指、小指）。③ 执笔要求为锋欲正、指欲实、拳欲虚、管欲直；握笔能坚，运笔能疾，笔法能活。

四、基本笔画

点：如高山坠石。

横：如悬崖勒马。

竖：如强弩将发。

撇：如鸟翼掠过。

捺：一波三折。

提：如踢足而收。

楷书（毛笔）技法

一、楷书简介

楷书是对隶书略加改造后而演变成的一种字体。楷书字体端庄，书写方便，笔画横平竖直，结构紧凑，气势流畅，形体优美。

二、楷书基本笔画的写法

1. 横

在永字八法中称为“勒”，似悬崖勒马，不用写得太快，要有摩擦感。有长横、短横、中横、左尖横、右尖横等。例如：仰横“天”、短横“五”、中横“集”。

2. 竖

在永字八法中称为“弩”，似弓箭的弓背。除悬针竖和垂露竖外，还有短中竖。例如：垂露竖“干”、悬针竖“千”。

3. 撇

在永字八法中称为“掠”，要写快些，有直撇、竖撇、短撇、兰叶撇、长直撇、弯头撇等。例如：竖撇“月”、兰叶撇“厂”“肩”。

4. 捺

在永字八法中称为“磔”，要有力量，要一波三折，有反捺、平捺、斜捺等。例如：斜捺“人”、平捺“之”。

5. 点

在永字八法中称为“侧”，侧锋下笔，刚起即收，有竖点、垂点、挑点、撇点、长点等。例如：撇点“尝”、长点“不”。

6. 提

在永字八法中称为“策”，策马前行，短而快出锋，也称“挑”，有长提、短提、平提等。例如：长提“乃”、短提“求”、平提“地”。

7. 钩

在永字八法中称为“趯”（读tì），脚落地后迅即向上踢出，有竖钩、斜钩、竖弯钩、卧钩、弧钩、横钩等。例如：竖钩“利”、竖弯钩“先”、卧钩“思”、弧钩“子”、横钩“家”。

8. 折

有横折、竖折、撇折等。例如：横折“日”、竖折“山”、撇折“车”。

结构和选帖（毛笔）

一、楷书字形结构十四诀

1. 左右有竖右边长。

例如：国、自、门。

2. 宝盖钩如鸟视胸。

例如：宝。

3. 左小当其上，右少当其下。

例如：呼、峰、勤、和。

4. 横短竖长，撇捺宜伸（反之不美）。

例如：本、朱。

5. 俯仰钩者下钩长。

例如：它、宅、冠。

6. 上下钩者下钩明。

例如：哥。

7. 上宽下不宽，上窄下不窄。

例如：雪、普、是、表。

8. 土竖对左身，卜竖对正中。

例如：老、者、走、是、足。

9. 横短撇长，横长撇短。

例如：左、右、有。

10. 横长撇短右点成。

例如：莫、矣。

11. 密要匀，疏要丰。

例如：魔、小、王。

12. 身矮不瘦弱，身瘦不短形。

例如：白、雨、身、耳。

13. 天富地窄，重撇不排齐，捺多笔不重。

例如：宙、至、安、友、途、食。

14. 并者右要宽，重者下要大，连撇撇头对上胸。

例如：林、朋、竹、羽、昌、桂、哥、影、彩。

二、字帖简介

1. 欧体，即欧阳询体。

2. 颜体，即颜真卿体。

3. 柳体，即柳公权体。

4. 赵体，即赵孟頫体。

楷书正误和创作（毛笔）

一、楷书正误十二法

1. 白、田、身，一竖

这些字的竖画，不能太直，要有一定的弯度，不然就很难看。

2. 母、女，斜折度

斜折一定要掌握好斜度，掌握不好，字就很难看。

3. 人、之、走，直撇

这样的字，撇一定要直一些，弯上去就很难看。

4. 家、子，中括弧

“家”和“子”两个字向右的弯钩要像括弧的右半边“）”这样的形态才能好看。“子”字的横画竖前要长些，竖后要短些。

5. 天、更，弯撇配

如天、更、史、丈、欠、文等字，其撇都要上翘，以配合捺笔。

6. 文、欠，横内出

“文”和“欠”字撇的起笔，要在横内靠中线部位开始，逐渐向左下方撇出并稍有翘角，以便和捺笔良好配合。

7. 成 、风，无异撇

“成”和“风”字的撇笔，基本姿态是一样的。

8. 走之须求速

写走之时，要稍快一些，太慢就容易走形，字就很难看。

9. 竖钩落脚低

写衣、长等字时，竖钩要低于捺笔，捺笔不能拖到竖钩以下。

10. 心底平尖

如心、志、思、想等字，“心”字的末笔出钩前一小段要保持水平为好。

11. 也须仰折起

左下方起笔，向右上方行笔，斜中取正。

12. 列、兵、示稳足

两点底可用“八”字点，两边撇出，亦可用内收的相向两点。但是“示”就不能用一撇一捺的“八”字点了。

二、作品创作

书法练到一定程度，可尝试创作作品，供人欣赏，提高兴趣。

注意事项：书法作品的创作，讲求字的大小、空白、粗细、枯瘦；有节奏感，轻重缓急，章法协调，布局合理。相同的字或偏旁力求变化，不要雷同。作品整体要给人一种大气、美观、有精神之感。

武术社教学案

武术操（一）

教学内容	五步拳前三个动作	人数	40人	教学场地	篮球场
教学目标	1.使学生初步了解并掌握所学的武术基本功； 2.初步掌握五步拳前三个动作； 3.掌握武术基本功，增强身体素质，弘扬武术精神。				

顺序	时间	课的部分	组织教法	次数
一	7分钟	一、开始部分 课堂常规。	组织： * * * * * * * * * * * * * * * *	3~4
二	10分钟	二、准备部分 徒手操（4～8拍） （1）头部运动； （2）扩胸运动； （3）振臂运动； （4）弓步压腿； （5）仆步压腿； （6）活动各关节。	教法： 教师示范，学生跟做。 要求： 动作准确，活动充分。 组织： 两列横队成体操队形。 * * * * * * * * * * * * * * * *	3~4

续表

顺序	时间	课的部分	组织教法	次数
三	23分钟	三、教学部分 （一）复习武术基本功并学习新的难度动作——旋子 1. 手型：拳、掌。 2. 步型：弓步、马步。 （二）学习五步拳前三个动作 动作名称：弓步搂手冲拳—弹腿冲拳—马步架冲拳。 预备姿势：并步抱拳，挺胸塌腰，目视左方。 弓步搂手冲拳： 弹踢（腿）冲拳： 马步架冲拳： 学习旋子。	教法： 1. 先示范后讲解教法与边讲解边示范教法相结合。 2. 教师引导学生进行慢动作模仿学习。 3. 按动作要求，教师带做，学生进行完整练习。 4. 学生分组进行自我练习，教师巡回指导并及时纠错。 5. 学生在教师的口令下进行集体练习。 要求： 多动脑筋，多练习。	3~4
四	5分钟	四、结束部分 1. 整理运动。 (1) 上肢—躯干—下肢。 (2) 按摩放松。 2. 本课小结。 3. 布置课后练习。 4. 宣布下课。	要求： 1. 学生按要求认真完成各个动作。 2. 充分放松，发扬互助精神。	1
课后小结				

武术操（二）

教学内容	五步拳后 五个动作	人数	40人	教学场地	篮球场
教学目标	1. 培养学生对武术的兴趣及尚武精神； 2. 初步掌握五步拳后五个动作； 3. 掌握武术基本功，增强身体素质，弘扬武术精神。				

顺序	时间	课的部分	组织教法	次数
一	7 分钟	一、开始部分 课堂常规。	组织： * * * * * * * * * * * * * * * * * *	6~8
二	5 分钟	二、准备部分 徒手操（4 － 8 拍） （1）头部运动； （2）扩胸运动； （3）振臂运动； （4）弓步压腿； （5）仆步压腿； （6）活动各关节。	教法： 教师示范，学生跟做。 要求： 动作准确，活动充分。 组织： 两列横队成体操队形。 * * * * * * * * * * * * * * * * * *	3~4

续表

顺序	时间	课的部分	组织教法	次数
三	28分钟	三、教学部分 （一）复习武术基本功 1. 正踢腿。 2. 侧踢腿。 （二）复习五步拳前三个动作 动作名称：弓步搂手冲拳—弹腿冲拳—马步架冲拳。 （三）学习五步拳后五个动作 动作名称：歇步冲拳—提膝穿掌—仆步穿掌—虚步挑掌—并步按掌。 重点：注意动作到位。 难点：体会武术风格和气势。	教法： 1. 先示范后讲解教法与边讲解边示范教法相结合。 2. 教师引导学生进行慢动作模仿学习。 3. 按动作要求，教师带做，学生进行完整练习。 4. 学生分组进行自我练习，教师巡回指导并及时纠错。 5. 学生在教师的口令下进行集体练习。 要求： 多动脑筋，多练习。	4~5
四	5分钟	四、结束部分 1. 整理运动。 （1）上肢—躯干—下肢。 （2）按摩放松。 2. 本课小结。 3. 布置课后练习。 4. 宣布下课。	要求： 1. 学生按要求认真完成各个动作。 2. 充分放松，发扬互助精神。	1
课后小结				

武术操（三）

教学内容	复习提高整套五步拳动作	人数	40人	教学场地	篮球场
教学目标	1.激发学生对武术的兴趣，培养学生的尚武精神； 2.复习提高整套五步拳动作； 3.培养学生的创造力、表现力、合作探究的能力以及团结协作的精神。				

顺序	时间	课的部分	组织教法	次数
一	7分钟	一、开始部分 课堂常规。	组织： * * * * * * * * * * * * * * * * * *	1
二	10分钟	二、准备部分 1.游戏：“贴膏药”。 2.徒手操： （1）头部运动； （2）扩胸运动； （3）振臂运动； （4）弓步压腿； （5）仆步压腿； （6）活动各关节。	活动方法： 1.教师讲解游戏方法。 2.教师指挥，做模仿动作并做语言引导。 3.教师通过语言提示，开拓学生思维。	3~4

续表

顺序	时间	课的部分	组织教法	次数
三	23分钟	三、教学部分 （一）复习五步拳全套动作 动作名称：弓步搂手冲拳—弹腿冲拳—马步架冲拳—歇步冲拳—提膝穿掌—仆步穿掌—虚步挑掌—并步按掌。 1. 分组复习。 2. 小组展示。 3. 优秀学生展示。 4. 教师点评。 （二）步法游戏：石头、剪刀、布 游戏规则：并步—石头、弓步—剪刀、马步—布。 （三）素质练习 1. 俯卧撑 15×3 组。 2. 收腹跳 10×3 组。	教法： 1. 教师领做，学生跟教师做 2～3 次。 2. 学生在教师的口令下练习，教师及时纠错。 3. 学生分组进行自我练习，教师巡回指导并及时纠错。 4. 学生按教师的口令进行集体练习。 5. 学生在教师的口令下进行集体练习。 要求：动作准确，活动充分。 组织：两列横队成体操队形。 * * * * * * * * * * * * * * * * 要求： 动作标准，刻苦认真。	4~5
四	5分钟	四、结束部分 1. 整理运动。 (1) 上肢—躯干—下肢； (2) 按摩放松。 2. 本课小结。 3. 布置课后练习。 4. 宣布下课。	要求： 1. 学生按要求认真完成各个动作。 2. 充分放松，发扬互助精神。	1
课后小结				

武术操（四）

教学内容	巩固提高五步拳动作，介绍散打基本动作	人数	40人	教学场地	篮球场
教学目标	1.激发学生对武术的兴趣，培养学生的尚武精神； 2.复习提高整套五步拳动作； 3.培养学生的创造力、表现力、合作探究的能力以及团结协作的精神。				

顺序	时间	课的部分	组织教法	次数
一	7分钟	一、开始部分 课堂常规。	组织： * * * * * * * * * * * * * * * *	1
二	10分钟	二、准备部分 1. 游戏：“贴膏药”。 2. 徒手操： （1）头部运动； （2）扩胸运动； （3）振臂运动； （4）弓步压腿； （5）仆步压腿； （6）活动各关节。	活动方法： 1. 教师讲解游戏方法。 2. 教师指挥，做模仿动作并做语言引导。 3. 教师通过语言提示，开拓学生的思维。	6~8

续 表

顺序	时间	课的部分	组织教法	次数
三	23分钟	三、教学部分 （一）复习提高整套五步拳动作 1. 分组复习。 2. 小组展示。 3. 优秀学生展示。 4. 教师点评。 （二）介绍散打基本动作 站位：前后站立，脚掌着地，侧对前方。 步伐练习：前进步、后退步、侧滑步。 左右直拳：出拳力达拳面，路线要直，注意顺肩。 （三）素质练习 1. 俯卧撑 15×3 组。 2. 收腹跳 10×3 组。	教法： 1. 教师领做，学生跟教师做 2～3 次。 2. 学生在教师的口令下练习，教师及时纠错。 3. 学生分组进行自我练习，教师巡回指导并及时纠错。 4. 学生按教师的口令进行集体练习。 5. 学生在教师的口令下进行集体练习。 要求：动作准确，活动充分。 组织：两列横队成体操队形。 * * * * * * * * * * * * * * * * 要求： 动作标准，刻苦认真。	6~8
四	5分钟	四、结束部分 1. 整理运动。 (1) 上肢—躯干—下肢； (2) 按摩放松。 2. 本课小结。 3. 布置课后练习。 4. 宣布下课。	要求： 1. 学生按要求认真完成各个动作。 2. 充分放松，发扬互助精神。	1
课后小结				

合唱社教学案

合唱（一）

一、教学目标

1. 培养学生正确歌唱的姿势以及科学的发声方法。

2. 通过聆听音乐、表现音乐，培养学生对生活的积极乐观态度，使学生的情感世界受到感染和熏陶，在潜移默化中建立起对亲人、对他人、对人类、对一切美好事物的热爱之情，进而培养成生活的积极乐观态度和对美好未来的向往与追求。

3. 视唱练耳，并进行乐理知识的学习，提高学生的识谱能力。

4. 学习歌曲《同一首歌》，了解歌曲的创作背景。

二、教学内容

1. 巩固正确的歌唱姿势和呼吸方法。

2. 听音模唱，并进行乐理知识的学习。

3. 聆听歌曲《同一首歌》。

4. 进行双声部练声曲训练，学习歌曲《同一首歌》的旋律部分。

三、教学步骤与方法

（一）听音（练耳）模唱

1. 练耳：进行一组单音模唱及一组三个音模唱，让学生先用“啦”唱，最后要求唱出唱名。

2. 视唱歌曲《同一首歌》的旋律部分。

（二）乐理教学

1. 复习五线谱音符（一）。

2. 初识曲式结构。

（三）乐曲欣赏

1. 欣赏视频《同一首歌》，介绍乐曲的背景资料。

歌曲《同一首歌》由陈哲作词，孟卫东作曲。第一次演唱是在1990年北京举办的第11届亚运会开幕式上，在我们熟悉的歌手蔡国庆、毛阿敏演唱之前，是由歌手刘畅演唱的。这首歌曲在经过蔡国庆、毛阿敏等多位著名歌手演唱之后，不仅成为中国听众耳熟能详的歌曲，还延伸出了中央电视台的品牌晚会《同一首歌》。歌曲《同一首歌》也同时成为《同一首歌》栏目的主题歌。这首歌曲伴随同名栏目像长了翅膀一样，飞进了千家万户，成为一首风靡全国的歌曲。我们也了解到，《同一首歌》栏目一直是以举办独具特色的系列大型演唱会和以举办各类主题、公益演唱会为主，因为它一直致力于将品牌的影响力服务于公益事业，所以赢得了观众的喜爱和好评。从儿童村到敬老院，从红十字会到关注残疾人法律援助，《同一首歌》常常站在奉献爱心的第一线，将爱的旋律带到每一个地方，送进每一个人的心里。

歌曲以诗一般的语言、抒情的旋律和优美的合唱，表达了胜利、欢乐、团结、友谊的美好主题。歌词里用“鲜花”“大地”“春天”“甜蜜的梦”和“阳光灿烂”等词语，表现了我国人民在新时代里，意气风发，欢聚一堂，唱着“同一首歌”，畅诉衷肠，展望未来，为实现更加美好的目标——把祖国建设成为社会主义现代化强国而共同奋斗的心愿。

歌词里用“每一次相逢和笑脸都彼此铭刻”“我们手拉手啊想说的太多”“春天把友好的故事传说”等深情的话语，表达了在改革开放年代，全国各族人民和世界各国人民友好相处的真诚与愿望。《同一首歌》倾诉了人民对和平、友谊的渴望，表达了人们美好、纯洁、憧憬幸福未来的思想感情。

2. 歌曲分析。

歌曲为E大调，4／4拍。歌曲结构为两段体（带再现的二部曲式）。

A段由4个乐句构成，第一、二乐句（第1～8小节）音乐流畅、平和，主题深沉、亲切、凝重。第三乐句（第9～16小节）是这个乐段的小高潮，接着连接第四乐句结束。A段音乐抒发人们经过辛勤劳动获得丰硕成果、欢聚一堂亲切交流时的真挚感情。

B段也由4个乐句构成，第一乐句（第17～20小节）以下属和弦的分解形式，从高音开始，形成柔和的色彩和热烈的气氛，力度逐渐加强的处理形成全曲高潮，抒发了人们激动、兴奋的心情，并与A段形成对比。第二乐句（第21～24小节）是第一乐句的变化重复，力度逐渐减弱的处理使感情进一步深化，体现发自内心的倾诉。第三乐句（第25～28小节）是A段音乐主题的变化再现，第四乐句中的九度大跳，再次抒发出人们兴高采烈的喜悦心情。歌曲最后的结束句是一个典型的由下属功能转到主功能的补充终止形式，使歌曲在祥和、深情的气氛中结束。歌曲以诗一般的语言和优美的合唱，表达了欢乐、团结、友谊这样一个美好的描绘人间真情的主题。

（四）合唱教学

1. 发声训练，关注声音的和谐与均衡。

（1）运用“轻声”唱法，形成正确的发声状态。

在合唱训练之前必须要做好放松练习。如打呵欠，让喉咙打开，颈部放松，气息流畅自如。不管是用旋律音程练习，还是用带声部的和弦练习，都不能在音量上过早要求。直到学生们在歌唱时做到完全打开喉咙，彻底放松下巴，呼吸自如，气息匀畅，再去考虑声音的力度问题。

（2）训练正确的气息支持，形成气声结合的歌唱状态。

用胸腹舒展、扩张的动作有规律地进行吸气；用小腹腹肌的力量推动气息支持而发声，这种发声训练方法就是气声结合的方法。这种合唱发声训练所产生的力量可以使声音稳定、灵活、有弹性、有流动性。另外要注意的是，做呼吸练习时，学生要在教师的正确指导下进行，避免歌唱时呼吸动作僵硬，出现憋气的现象。

（3）统一歌唱方法，提高声部歌唱能力。

首先，提高声部内个人的演唱水平。声部内各成员在呼吸的运用、发声的位置及共鸣、音色、吐字的方法等诸方面都应基本达到统一，才能使整个声部的声音达到一致。其次，在演唱时，整个声部要根据指挥的要求，像一个人演唱那样开始和结束。在同一时间发出同一个词的音；在指定的地方呼吸；共同完成渐快或渐慢的过渡；各声部以相同的力度来演唱；要以同样纯正的音高去演唱歌曲；清晰、准确地唱出作品的歌词。因此，在声部内的成员统一了歌唱的方法后，要随指挥有目的地进行单独声部的训练。只有将每个声部的歌唱能力提高了，再去强调整体的演唱水平，效果才会更佳。

2. 合唱训练。

（1）复习双声部合唱歌曲《雪绒花》。

（2）学唱歌曲《同一首歌》高声部。

合唱（二）

一、教学目标

1. 情感、态度与价值观：演唱歌曲时，体会以情带声、以情感人，用真挚的歌声表达出对人间真情的渴望、呼唤。

2. 过程与方法：在演唱二声部歌曲时，能关注声部间声音的和谐与均衡。

3. 知识与技能：学生能用较圆润的声音演唱歌曲，初步体会合唱的魅力。

二、教学重点

能在演唱歌曲时以情带声，并初步体会合唱的魅力。

三、教学难点

歌曲二声部之间的配合，声部之间声音的协调与均衡。

四、教学内容

1. 正确的歌唱姿势和呼吸。

2. 听音模唱。

3. 学习乐理知识，认识五线谱（二）。

4. 双声部练声曲训练，学习歌曲《同一首歌》。

五、教学步骤与方法

（一）听音（练耳）模唱

1. 弹唱单音模唱：6 5 3 –，5 3 2 –，1 5 3 –，5 3 1 –。

2. 弹唱低声部，分成四句，让学生听着模唱。

3. 弹唱完整的拉奏四句音乐，让学生跟着琴背唱这个旋律。

通过简单的听唱旋律短句，逐渐进入到复杂的乐句中，并且把本课的难点部分用听音模唱的方式先接触一遍，做一个铺垫。在课堂上，学生通过赛一赛、抢答的形式来唱这一段，气氛就活跃多了。不过，在第三个环节，由于学生听到的旋律中出现了很多的“升fa”音，这个音不够稳定，因此在实际教学过程中重复次数增加了两次，还需要加强练习。

4. 视唱歌曲《同一首歌》第二部分。

（二）乐理教学

1. 复习五线谱和曲式结构。

2. 尝试分析歌曲的曲式结构。

（三）合唱教学

1. 发声训练。

复习上节课所学的旋律部分。（注意：体会用半打哈欠的发声状态演唱旋律）

2. 合唱训练。

（1）学唱歌曲《同一首歌》低声部。

（2）复习歌曲《同一首歌》高声部。

（3）合唱歌曲《同一首歌》双声部。

（四）师生合唱歌曲《同一首歌》

1. 艺术处理。

（1）感受：对人间真善美的感悟。

（2）渴望 { 沟通、理解、鼓励 / 温情、关爱、团结 }

（3）主题思想：人间真情。

2. 师生共同演唱《同一首歌》。

3. 教师小结：希望温情、关爱、团结等人间真情能够在我们同学之间永存。

合唱（三）

一、教学目标

1. 通过学唱歌曲《红蜻蜓》，感受歌曲的优美旋律。

2. 能用比较和谐的声音合唱，音准、节奏正确。

3. 在体验和表现歌曲情绪的过程中激发学生对大自然和生活的热爱之情。

二、教学重点

1. 歌曲《红蜻蜓》第二声部的学唱。

2. 合唱教学。

三、教学难点

1. 把握歌曲的风格，用和谐统一的声音唱好合声。

2. 教学准备：钢琴、录音机、电子琴、媒体课件。

四、教学过程

（一）听音（练耳）模唱

1. 弹唱单音模唱。

2. 弹唱低声部，分成四句，让学生听着模唱。

3. 弹唱完整的拉奏四句音乐，让学生跟着琴背唱这个旋律。

通过简单的听唱旋律短句，逐渐进入到复杂的乐句中，并且把本课的难点部分用听音模唱的方式先接触一遍，做一个铺垫。

4. 视唱《红蜻蜓》二声部。

（二）合唱教学

1. 教师深情地演唱歌曲《红蜻蜓》，并揭示课题。

2. 欣赏录音版本的歌曲《红蜻蜓》。

聆听要求：

A. 歌曲的情绪是怎样的？

B. 歌曲的演唱形式是什么？为什么？

3. 出示歌谱。

提问：歌曲有几个声部？什么叫合唱？

解释：有两个或两个以上的声部同时演唱的形式，叫合唱。

4. 复听（录音）歌曲《红蜻蜓》。

提问：二声部的歌曲与单声部的歌曲相比，欣赏效果有什么不同？

设计意图：通过欣赏，使学生初步感受歌曲所表现的深情回忆童年趣事的意境，并了解相关的知识。

5. 有感情地朗读第一乐段歌词。

6. 学唱歌曲第一声部的第一段。

（1）用哼鸣的发声方法模唱歌曲的第一声部旋律。

（2）填词唱第一声部旋律。

7. 学唱低声部第一乐段歌词。

（1）用哼鸣的发声方法模唱歌曲的第二声部旋律。

（2）填词唱第二声部旋律。

要点：音准、一字多音、气息、速度、力度等。

设计意图：初步学会歌曲低声部的演唱。

8. 合唱歌曲。

A. 请学生唱第一声部，教师唱第二声部。（交换演唱）

B. 学生进行分声部练习。

设计意图：此环节主要是让学生通过二声部歌曲的合唱学习，体验二声部合唱歌曲所表现的音响与和声效果，学习合唱知识，练习二声部合唱技能。

五、教师小结

教师做总结。

合唱（四）

课题	歌曲《青春舞曲》（齐唱与轮唱）
教学目标	1. 复习歌曲《青春舞曲》，聆听伴奏音乐中出现的各种乐器所发出的声音，感受作品中表达出来的轻快活泼的情绪。 2. 了解齐唱和轮唱这两种声乐演唱形式。 3. 通过训练使学生完成歌曲《青春舞曲》演唱过程中的轮唱部分，锻炼学生之间相互协调配合的能力。 4. 让学生通过学习、实践，探索学习方法，感受成功的喜悦。 5. 即兴运用打击乐器为歌曲伴奏。 6. 培养学生的参与意识，并在参与的过程中培养学生的自信心，和学生一起感受音乐带给人的愉快感觉，享受过程，乐在其中。
教学重点	培养学生的自信心，使其享受音乐带给人的愉悦感。
教学难点	完成两个声部之间的协调与配合。
教具	多媒体、打击乐器。

续表

教学流程	师生活动	设计意图
导入	师：同学们，上节课我们学习了歌曲《青春舞曲》，现在让我们一起来复习一下。我们还可以听到好听的伴奏音乐。（欣赏歌曲《青春舞曲》视频）	复习歌曲，培养学生聆听音乐的习惯。为本节课的学习奠定基础。
复习歌曲旋律及歌词	师：定音鼓、长笛、单簧管、木琴、大号、铃鼓、小军鼓…… （师介绍，生聆听；师提问，生回答）	在画面中出现各种乐器的时候，教师提示学生注意观察，聆听其声音，记住其名称，培养学生关注音乐的习惯。
节奏训练和放松训练	师：复习过后，我们来一起唱这首歌。（生齐唱歌曲） 师：很好，下面我要给同学们增加一点难度。我们一边拍手，一边唱歌，怎么样？我们来试试。（生一边击掌打节奏，一边齐唱歌曲） 师：同学们拍得不错，但是有的同学还是有一点点慢，注意要跟上老师。刚刚我们打的节拍比较容易，现在我们再来增加一点难度，在句与句之间加上“花”。在加花的时候注意要放松些，不要紧张。 （师示范，生练习） 师：我觉得大家还是有些紧张，可能是因为我们唱得太快了吧！现在我们把速度降下来再试试。 （生练习） 师：同学们表现得相当不错，鼓励一下。	进行歌曲练习。 在进行节奏感训练的同时，继续进行歌曲的熟练练习和放松心态的训练。 对学生取得的成绩进行即时评价。

续 表

教学流程	师生活动	设计意图
了解什么是齐唱	师：同学们，刚才我们唱歌的方式应该属于哪种声乐演唱形式？ 生：合唱。 师：还有其他的想法吗？ 生：（略） 师：老师告诉你们，合唱是一种多声部的演唱形式，而我们表现的却是单声部的演唱形式。因为我们每个人唱的旋律都是相同的，那我们这种声乐演唱形式应该叫什么呢？ 生：齐唱。 师：回答正确，是齐唱。我们平时在上音乐课的时候基本上都采用齐唱这一形式，还有我们的课前一支歌，运用的也是齐唱的形式。	让学生通过对自己所唱内容的总结来了解齐唱这种声乐演唱形式。
了解什么是轮唱	师：今天我们要研究一个好玩儿的事情。以前我们一直在进行一个声部的表现，今天我们要来试一试两个声部之间进行配合。这种演唱形式叫什么呢？（板书：轮唱）我们要用学过的这首《青春舞曲》试一试轮唱这种演唱形式，来完成两个声部之间最简单的配合。我们今天有四个目标需要完成。	调动学生的求知欲望，吸引学生跟随教师进行探索。
难点一：不同步开始、不同步结束的练习	A计划：用《青春舞曲》的前两句歌词来初次尝试两个声部之间进行轮唱。（教师向学生阐述轮唱的概念以及如何进行轮唱） 师：轮唱就是演唱的旋律相同、速度相同、内容相同，但是有一点不同，那就是起唱的先后顺序不同，比如，第一声部先唱前四个字，这时第二声部才加进来，两个声部要按照各自的标准一直延续下去，在停止的时候，一声部仍然要领先二声部四个字。整体上要形成一种绵延起伏、连续不断的效果。	和学生一起确立学习的目标，解决本节课的难点问题。 让学生了解轮唱的概念，并相互配合着尝试演唱作品前两句。培养学生间相互协调与配合的能力。

续表

教学流程	师生活动	设计意图
初次尝试轮唱	师：下面我就把同学们分成两组，一声部和二声部。（生按照各自的声部调整位置） （师指挥，生练习） 师：二声部的声音我听不清楚了，看来有被一声部吞并的危险。二声部的同学们要注意看指挥，眼睛盯住指挥，这是一名合唱队员必须具备的一种基本素质，特别是在句与句衔接的地方，我们再来。（师指挥，生练习）	第一次接触两个声部的训练，同学们难免会有些紧张，此时适时地让学生知道合唱队员在演唱的同时要注意看指挥的手势是十分必要的。
感受双声部效果	师：A计划我们已经成功了，鼓励自己一下。我们是合唱团的队员，那么我们就要时刻记住，你是大海中的一滴水而不是一座冰山，你是沙堆上的一粒沙而不是一块砖，谁能听懂我的意思呢？ 生：（略） 师：对了，最重要的是我们要注重相互之间的配合，要融入这个集体，棱角不能过于鲜明。让我们按照一名合唱队员的要求来试着表演一下A部分，我请两名同学到前面来感受一下。（师指挥，生配合） 师：让我们再来看看B计划。	对学生进行鼓励评价，并渗透合唱队员相互之间密切配合的重要性。 让部分学生到教室前面去感受双声部的效果。

续 表

教学流程	师生活动	设计意图
难点二：不同步开始、同步结束的练习	B计划：歌曲后半部分的轮唱练习，不同步开始，同步结束。 （师讲解要求） 师：我们如何才能做到不同步开始而同步结束呢？ 生：（略） 师：就让我们按照自己想出来的办法试一试，看看能不能行得通。（师指挥，生练习） 师：看来我们自己想出来的办法还是相当不错的，祝贺大家。 师：现在我们的B计划也完成了，让我们来看看C计划。	让学生通过讨论、研究、探索去想办法解决不同步开始而同步结束的问题，将课堂的主导权还给学生。 对学生进行适时评价，鼓励其继续创造。
整首歌曲进行轮唱	C计划：将整首歌曲以轮唱的形式进行表演。 （师指挥，生演唱） 师：同学们，你们真是太厉害了，唱得真不错。我们的C计划基本完成，而且现在是成功一次高兴一次，你们是不是也有这种感觉呀？ 生：（略） 师：那我们就趁热打铁，进行D计划。 生：（略）	巩固配合练习。

续 表

教学流程	师生活动	设计意图
难点三：齐唱、轮唱、节奏表演相结合	D计划：将歌曲唱两遍。第一遍齐唱，第二遍轮唱。 师：怎么样？大家有信心吗？ 生：（略） （师指挥，生表现） 师：同学们配合得不错，不过我觉得我们第一遍演唱得似乎没有第二遍热闹啊！我们能不能想想办法把第一遍的情绪也调动起来呢？ 生：加上我们刚上课时的拍手打节奏。 师：好，那我们就来试试在强拍上击掌为我们的歌曲伴奏。（生表现） 师：还有一个难度较大的拍手练习可以加进去。我们选出几名同学作为鼓手，以桌面当鼓来为歌曲伴奏好不好？ 生：（略）	将齐唱与轮唱两种形式结合起来，让学生在表现的同时增强自信心与表现欲。 学生用自己喜欢的方式为歌曲伴奏。 培养学生的自信心，鼓励学生勇于挑战自我，参与到音乐的表现中。
难点四：用打击乐为歌曲进行即兴伴奏	师：同学们，你们太棒了。我准备了一些打击乐器，现在把它们分给大家，我们一起来用打击乐器为我们的歌声伴奏。 师：同学们，虽然我们手里有了打击乐器，但是不要忘了打击乐器是为我们的歌声服务的，所以敲打的力度不要太强，音量适中就可以了。 （师指挥，生表现）	激发学生的兴趣与参与热情。 让学生在参与中体验成功的喜悦并体验音乐给人带来的愉悦感受，使学生玩在其中、乐在其中。
课堂小结	师：同学们，我感受到你们从自己的歌声与智慧中得到了快乐，希望你们能够一直这样快乐下去。	与学生一起分享成功的喜悦，并进行总结。

舞蹈社教学案

把上擦地组合

一、教学目标

通过掌握擦地的动作要领，训练脚下的基本功及腿、胯的外开，加强控制能力及稳定性。进行对身体控制力的基本训练并掌握基本姿态。

二、教学重难点

1. 擦地时脚的完满与控制。

2. 腿、胯要始终保持外开延伸。

3. 动作过程中注意自身韵律和呼吸的问题以及姿态的优美。

三、教学内容

1. 课前活动：把上练习。

2. 导入新课，教师示范讲解。

3. 教授新内容。

（1）一位擦地。

教师提示：注意一位时的站姿和上身的控制以及姿态的极致伸展。

准备：双手扶把，一位站立。

步骤：

第一组：a.右脚经前擦至旁擦，后收回。b.旁擦两次。c.旁擦出，双脚立，右脚落，左脚擦回。d.同上，做左脚。e.同上，做反方向。

第二组：a.右脚擦出，然后擦至前，再擦至后，收回。b.右脚擦出，经划弧擦至前，再划一次收回。c.同上，做反方向。d.右脚造型，后转做离弓之箭造型。e.手蹲至左脚上，翻身，收回一位。

（2）五位擦地。

教师提示：注意胯的固定与擦地的开度。

准备：单手扶把，五位站立。a.前擦3次。b.后擦3次。c.旁擦2次，立脚踝出，后擦1次。d.后擦出，划2圈，收前五位。e.双脚立，收大四位，单脚立转一圈。f.同上，反转一圈，经收回后做划线造型。g.同上，做反方向。

（3）踮脚提胯。

教师提示：注意夹紧膝盖。

准备：双手扶把，一位站立。做预备动作5～8拍，双脚立。a.左右交替慢落。b.反复。c.左脚立，右脚收至其小腿处，落后五位。d.同上，落前五位。e.同上，做右脚。

（4）分组练习：指出问题，强调重难点。

（5）布置课后练习。

舞蹈《王者之舞》

一、教学目标

1. 让学生进一步掌握站姿的要领，知道人体美可以在站立的姿态中体现出来。逐渐养成走路时保持姿态的好习惯。

2. 要求动作规范、手脚协调，掌握舞蹈的风格特点。

3. 掌握每个动作的方位。

4. 让学生培养节奏感、韵律感和美感，促进同学之间的友谊，树立自信心和集体意识。

5. 合着音乐的节拍，能用肢体表现内心的感受。

二、教学重难点

1. 从引导为主，增强友谊和合作的团队精神。

2.《王者之舞》属于活泼、欢快的舞蹈，主要以后踢步为主，步伐要轻快，动作要规范，要求标准统一。

3. 时刻把握好自己的位置，要有队形意识。

三、教学过程

1. 课前活动。

2. 复习上节课所学内容。

3. 导入新课，教师示范。

4. 教师带领学生反复练习。

5. 请班级中态度认真、动作自然协调的同学上台表演，在展现优美舞姿的同时也为全体同学树立榜样，激发他们的学习热情。

6. 各组轮流展示并进行比赛，促使学生课后自发地进行巩固练习，既能让学生得到适当的休息，也能促使教师重视每一个学生出现的问题。通过比赛，学牛的学习热情提高了，动作也越来越规范。

7. 结合音乐表演。（注意节奏，加上表情，有激情地去跳舞）

藏族舞蹈《走进西藏》

一、教学目标

1. 练习形体，训练优美的舞姿。

2. 掌握藏族舞蹈的基本动作和韵味。

3. 学会藏族舞蹈《走进西藏》。

二、教学过程

1. 学习基本站立。

2. 芭蕾手位练习。

3. 学习藏族舞基本动作。

（1）基本步伐——弦子步伐。

平步、拖步、三步一撩、二步踢撩、单靠步、连靠步、长靠步。

（2）手形。

（3）脚位。

4. 学习藏族舞蹈《走进西藏》。

傣族舞蹈《雨林》

一、教学目标

1. 学习傣族舞蹈的韵律、手位。

2. 通过学习傣族舞蹈，培养学生的民族文化意识，让学生从舞蹈中体会生命力与肢体的线条美。

二、教学重难点

1. 训练傣族舞蹈的韵律。

2. 造型的“三道弯”，对手位、手尖加强练习。

3. 有意识地加深学生对傣族舞蹈节奏的认识。

4. 培养学生的模仿能力和想象力。

三、教学过程

1. 学习傣族舞蹈的手位。

2. 训练傣族舞蹈的节奏以及动作的韵律。

3. 学习傣族舞蹈《雨林》。

美术社教学案

身边的物品

一、教学目标

1. 通过对静物画的欣赏、练习，感悟物体生命的存在，理解艺术家通过静物画的创作来表达一定的主题、倾诉自己的情感的目的。

2. 让学生通过合作摆一组静物，了解静物画的构图组合方法，并能尝试运用各种工具，从多种角度表现物品，掌握一定的绘画表现方法。

3. 提高学生的观察能力、合作能力、创造能力，发展有个性的表现能力，培养学生善于发现美、感受美的能力，提高学生的审美情趣。

二、教学重点

1. 了解静物画的多种表现方法，重点了解线造型、明暗造型的基本表现方法。

2. 了解静物画的构图、静物的选择与搭配关系，尝试用多种视觉角度来观察和表现物体。

三、教学难点

1. 在静物素描表现过程中体现个性和情感。

2. 课前准备：多媒体课件（各种不同表现风格的静物范画）、水果、文具用品。

四、教学过程

（一）引导阶段

欣赏和分析:

从古至今，许多画家都把描绘身边的物品作为记录生活的一部分，尝试用各种不同的方法来表现它们，并借助这些静物的表现来抒发自己的内心情感。舞蹈纹彩陶盆上就刻画了新石器时代人的生活情景。

（出示范画，在对话中说明这些作品所处的时代和不同的表现方法，逐渐把学生的思维引导到物品的外观造型、色彩、材质、图形等方面，师生共同讨论，学生评述。）

生活中的物品千姿百态、造型各异，画家可以把自己喜欢的物品当作绘画对象画下来，我们称这些物品为“静物”。

（二）体验阶段

1. 展示多张以不同材料、不同内容表现的静物图片，请学生在欣赏、评价自己喜欢的静物画作品的同时，尝试去理解艺术家所表达的情感。

2. 结合范图分析归纳：线在绘画中被广泛运用，是最原始、最基本、最概括、最富有表现力的绘画手段。例如：线既可以概括物品的外形轮廓、特征动态，也可以表现对象的内在结构，还可以通过粗、细、虚、实、刚、柔、深、浅等变化，表现物品的质感、空间关系等。

请学生用手边现有的工具，如钢笔、圆珠笔、铅笔、彩色水笔等，用线造型的方式，分组写生课桌上的文具盒、教科书或各种水果，注意物品之间的位置、比例关系。教师巡视指导，发现问题后及时纠正。

3. 线的表现便于我们捕捉对象的形体结构，加一些明暗则能增强静物的体积感，结合范图可以分析明暗产生的原因、明暗变化的规律以及明暗造型在静物表现中的作用。请学生根据自己的感受和体验来评述明暗造型表现静物的方法。

（三）实践探索

请学生根据所学的明暗造型知识，在进行线造型静物练习的基础上，按照静物的光源，依据明暗变化的规律，给其上简单明暗（上明暗的工具不限，方法不限）。

（四）评价方式

1. 通过小组互相交流作业，各自提出不同意见。

2. 师生共同评价具有代表性的作业。

情感的记录

一、教学目标

1. 懂得色彩的协调与对比关系对表现人的情绪、情感所起的作用。

2. 能尝试用自己喜欢的色彩绘画工具，来表现自己感兴趣的物品，培养学生大胆尝试、勇于创新的品质。

二、教学重点

1. 了解色彩与情感的关系。

2. 学习色彩在素描作品上的表现方法。

三、教学难点

在实物面前运用主观色彩，加以恰当地搭配，以传达个人的情感。

四、教学过程

（一）课前准备

让学生利用课余时间收集自己喜欢的色彩静物作品数张，并准备毛笔、铅笔、水粉颜料、调色盘、彩色铅笔等。

（二）引导阶段

1. 请学生就自己平时的感受，谈一谈自己在情感处理方面的经验。

2. 播放音乐片段，请学生欣赏并讨论音乐家是用怎样的乐曲打动人的情感的；展示优秀绘画作品，请学生讨论分析绘画是借助哪些表现语言来反映画家情感的。

3. 通过图片展示、文字说明、分析画面色彩组成，介绍色彩的相关知识，使学生了解色彩搭配的基本规律。

4. 试分析绘画中的客观再现与主观表现的不同，了解色彩对于表现情感的作用。

（三）体验阶段

1. 欣赏多张不同表现内容和表现方法的淡彩绘画作品，请学生根据自己的感受和画面的效果，讨论作品的风格特点。

2. 教师在准备好的铅笔素描稿上，用色彩颜料进行演示，让学生了解淡彩的表现过程与方法。

3. 请学生根据自带的色彩静物作品，选择喜欢的工具，尝试用淡彩画的表现步骤和方法进行色彩改变或临摹。

（四）实践活动

以“我的书桌”“熟悉的角落”为内容，用素描淡彩的方法完成一幅静物写生练习。

（五）师生评价

学生能否积极参与绘画作品的色彩讨论；学生能否按自己的愿望去改画

作品。

总结归纳学生在本节课学到的知识和体验，针对自己在练习过程中遇见的困难和问题进行交流。

在绘画中永生
——外国肖像画赏析

一、教学目标

1. 通过欣赏外国古今肖像画经典代表作，使学生对外国肖像画艺术发展的沿革变化、风格流派形成初步认识，能进一步对肖像画创作的基本要素、形式法则和表现语言有所认识。

2. 通过欣赏、阅读、讨论，让学生动起来，发现和认识肖像画的艺术美，并能用语言（文字）来评述作品。

3. 通过欣赏、感受外国肖像画的艺术美，进一步提高学生的艺术审美情趣，培养学生健康、高尚的情操，并使学生能理解、接纳人类文明史上丰富的文化遗产。

4. 开展探究性活动，在拓展过程中，尝试进行中外肖像艺术比较研究或传统肖像表现和流行动漫肖像造型比较研究。结合欣赏学习，运用肖像画创作的形式、法则来尝试创作。

二、教学重点

以赏析外国古今肖像画作品为立足点，引导学生对外国肖像画艺术的发展演变、重要画家、经典代表作进行了解，并能从中获得对肖像艺术欣赏的审美享受。

三、教学难点

让学生学会用发展、辨证的眼光来理解并接纳外国肖像画艺术随时代变化所表现出来的各种形式与风格，并且学会进行课后拓展，开拓创造性思维。

四、教学准备

教师：教材、用来欣赏的挂图、资料或多媒体课件、教师范画等。

学生：课本、在课外收集的相关图片资料、纸笔等美术课用具。

五、教学过程

（一）导入

知识点 1：比较绘画和摄影的异同，激发学生的学习兴趣。

师：（出示教师本人的照片和自画像）我的这两张图片各有哪些优势和不足?

生：照片捕捉人物真实、快捷，自画像的线条、结构突显个性与情感。

知识点2：相机发明之前，肖像画一直是作为记录、再现人物相貌与精神特征的主要表现手段。

师：如果没有肖像画，我们能知道达·芬奇长什么样子吗?

生：不知道。看来肖像画很重要，能让我们认识古人。

知识点3：通过讨论，学生能够将肖像画和有人物形象的绘画作品加以区分。

师：（请学生将课本上的肖像画进行分类，并出示一幅有很多人物的劳动场景画，让学生比较它和课本上肖像画的不同之处）

生：（分组，积极讨论交流）

（二）新授

肖像画创作要求达到形神兼备的效果。千百年来，艺术家在肖像画上发挥着自己的聪明、智慧，各个历史时期出现的肖像画也表现出不同的艺术风格和时代特征。

教学流程：从庞贝《少女肖像》开始，先后鉴赏达·芬奇的作品《自画像》、拉斐尔的作品《雅典学院》、十八九世纪西班牙画家戈雅的作品《国王卡洛斯四世一家》、19世纪法国画家大卫歌颂大革命的杰作《马拉之死》，以及现代绘画代表画家凡·高、毕加索、莫迪里阿尼的作品，最后总结归纳出肖像画创作的原理，继续介绍了解艺术家是如何创作肖像画的。从名作欣赏深入到探讨名作是怎样画出来的。

另一种选择——外国风景画、静物画赏析

一、教学目标

1. 认知目标：通过欣赏作品，使学生对外国风景画、静物画的产生和发展概况有初步的认识。了解印象派以及后期的风景画、静物画的绘画风格和艺术特色。

2. 技能目标：通过欣赏和评述等教学活动，增强学生的参与意识，培养学生合作、互动解决问题的能力，提高学生分析评述美术作品的能力。

3. 情感目标：学生在外国风景画、静物画作品欣赏活动中感受艺术家敏锐的观察力和高超的表现手法，培养其领悟与感悟外国风景画、静物画表现美的能力，激发自身热爱大自然的情感。

4. 创造目标：通过教师引导，学生能够形成提出问题、分析问题、解决问题的能力，提高欣赏评述美术作品的能力，自主建构分析作品的系统认识。

二、教学重点

1. 让学生了解如何表现日常生活中存在的美，认识自然风光与艺术的关系以及与情感世界的关系。

2. 认识到在17世纪，荷兰的风景画、静物画技艺的娴熟已达到可以乱真的地步，在西方艺术史上有着重要的地位，是欧洲近代风景画、静物画发展的重要阶段。

三、教学难点

1. 让学生领会常态的自然风光和日常静物与画家们笔下的风景画、静物画之间的区别，提高学生对风景画、静物画所表现出来的自然和生活之美的感受能力。

2. 引导学生对分析美术作品有初步的认识。

四、教学准备

教师准备：图片、课件、艺术家生平。

学生准备：在网上搜集相关图片和资料。

五、教学过程

（一）分组讨论

1. 我们在上节课中赏析了哪些美术作品？作者分别是谁？

2. 这些美术作品美在哪里？

3. 这些美术作品给你留下的最深刻的印象是什么？

（二）小组汇报

分小组进行汇报。

（三）引入新课

我们在上节课中赏析的外国风景画、静物画属于现实主义绘画作品，这些作品描绘的是我们身边的自然风光，是再现真实，有整齐、整洁之美，看了以后有身临其境之感，其画法细腻、形象逼真。今天我们继续赏析外国风景画、静物画。

（四）学习新课：另一种选择

1. 播放课件。

2. 赏析讨论印象派作品。

（1）画家选择了什么?

（2）画家追求的是什么?

（3）他们所画的作品是真实的吗?

（4）我们如何理解作品《日出》?

（5）画家为何选择在船上画睡莲?

（6）小结：

印象派画家选择表现真实，追求某一时刻的光色效果，强调室外写生，讲究笔触。

3. 赏析讨论点彩派作品（播放课件）。

（1）点彩派作品和印象派作品在表现手法上有什么不同之处?

（2）点彩派作品和印象派作品在表现手法上有什么相同之处?

（3）点彩派作品和印象派作品在表现效果上有什么不同?

（4）小结：

点彩派作品在表现效果上强调工整，在技法上采取的是“点”，但和印象派作品一样，都追求光色效果，都强调环境色的作用。

4. 赏析讨论后印象派作品（略）。

5. 赏析讨论立体派作品。

（1）立体派和前面的各画派相比，它的特点是什么?

（2）从两幅范画来看，你能看出什么？

（3）你能看出来树叶的形象吗？

（4）立体作品派追求的是什么表现效果？

（五）课堂小结

1. 分组讨论。

（1）外国风景画、静物画的发展过程是什么？请你描述一下。

（2）从外国风景画、静物画的发展过程可以看出什么？请举例说明。

2. 分组阐述。

手工社教学案

彩豆贴画

课 题	彩豆贴画
教学目标	1.引导学生体验合作的快乐。 2.培养学生的创新意识与动手能力。 3.将各种颜色的豆贴在已经布局好的桌面上。
教学重难点	将豆贴牢固。
课前学生准备	1.一张A4纸和一张硬纸板、胶水和水彩笔。 2.各种颜色的豆：黄豆、绿豆、赤豆、白芸豆，还有芝麻等。
教学流程	一、制作打底纸 将整张A4纸贴在硬纸板上。 二、画出草稿画 1.先用铅笔画一幅简单的画，如一只小鸭子、一张笑脸或一束鲜花等。 2.用黑色或深色水彩笔勾勒出基本轮廓。 三、在基本轮廓内均匀地涂上胶水 四、将豆贴在基本轮廓内 均匀地在各个部分撒上各种颜色的豆子，撒一部分就将这部分多余的豆子处理掉。例如：在笑脸的头发处撒上芝麻，然后将纸侧过来，轻轻拍打，将多余的芝麻处理掉；笑脸的嘴巴用赤豆贴、脸颊用黄豆贴等。注意要将豆贴牢固。

沙画

课 题	沙画
教学目标	1. 训练学生的动手能力。 2. 培养学生的创新能力。
教学重难点	将沙子均匀地、牢固地撒在纸上。
课前学生准备	一袋食盐、蜡笔、若干个纸杯、A4纸、水彩笔。
教学流程	一、自制彩沙 将一袋食盐分别撒一些在各个纸杯中，用各种颜色的蜡笔分别在各个纸杯中搅拌。例如：用红色的蜡笔在第一个纸杯中搅拌，用蓝色的蜡笔在第二个纸杯中搅拌等。 二、画草稿画 在A4纸上画草稿画，如小鸭子、大树等，并勾勒出基本轮廓。 三、在轮廓线上涂抹少量胶水 四、将自制的彩沙均匀地撒在各种颜色的色块内，并轻轻拍打，把多余的倒掉

布贴画

课 题	布贴画
教学目标	培养学生的创造能力和动手能力，教会学生利用生活中常见的东西来创造美，进一步学习拼贴画的创作知识，掌握剪、抽、拼、贴的方法技巧。
教学重难点	针对不同质地、不同色泽、不同花纹的布角料，运用不同的剪裁法，获得各种各样生动有趣的形象。将这些形象加以拼和贴，用这种方法制作出布贴画。

续 表

课前学生准备	布角料、剪刀、胶水。
教学流程	一、导入新课 欣赏一些优秀装饰画作品，师生共议：用具有装饰风格的绘画来装点居室，以各种特殊材料制成的画或壁饰来装点居室，不仅会使你的家别具一格、独具新意，而且在装饰过程中，你将真正体会到发现和创造的快乐。今天，我们就利用不同质地、不同色泽、不同花纹的布角料，运用不同的剪裁法，变废为宝，创造生活中的美。 二、讲授新课 1.布料与纸相比，有什么不同？ 质地不同，纹理不同，厚薄不同，花纹不同。 2.布贴画图稿的选色设计，根据现有布料色样和纹理的不同，设计出与之相符的底稿。 3.欣赏范作，讲解布贴画的制作方法。 （1）打底稿。将自己设计的画面构思用铅笔画在白纸上。 （2）布料剪裁。针对画面不同的部位，采用不同颜色的布料进行裁剪，裁剪时把所画的底稿放在布料上操作，以确保造型的准确性。在裁剪时要注意布料的纹理走向。 （3）拼贴画面。将裁剪好的布料按照刚开始的设计进行拼贴。 4.局部示范制作，让学生注意操作过程，尤其是剪裁时对造型的把握。另外，在拼贴画面时，要注意布料之间的色彩差异，在个别地方可留出适当的空隙，使画面看上去疏密得当，更富生机。在拼贴时要注意布料的纹理走向，让学生明白不同的纹理走向会导致不同的作业效果，使布料的纹理更好地为整个贴画作品服务，增强视觉效果。 5.启发学生进行画面构图设计，可以相互讨论一下，确定自己制作的内容和布局安排。 三、布置作业 用布料创作一幅有新意的装饰画。 四、巡回指导 五、作业讲评

纸盒房子

课　题	纸盒房子
教学目标	1.培养学生的造型能力和制作能力。通过小组合作、探究性学习促进学生的创新精神和实践能力的发展。 2.通过剪、切、割、贴等方法，以及对废弃物的合理利用，设计制作出纸盒房子。 3.知道纸盒与生活的关系，认识、了解纸盒及造型装饰的特点。
教学重难点	重点：充分发挥学生的想象力，利用废旧材料精心地制作纸盒房子。 难点：通过引导学生将纸盒房子进行组合，把这节课进行再创新、升华。
课前学生准备	废弃的纸盒、卡纸、笔、双面胶、剪刀等。

续 表

教学流程	一、引导 1.前面我们已经用废弃的物品制作了树、草坪、路灯等作品，今天我们来用废弃的纸盒制作房子。 2.利用幻灯片出示收集到的房子图片，仔细观察这些房子，让学生了解并说出房子的结构和特征。 3.出示教师用纸盒制作的各式各样的房子，激发学生的学习兴趣及探索欲望。 二、造型 1.在欣赏教师作品的基础上，学生根据自己纸盒的形状特征，充分发挥想象力，设计并制作纸盒房子（提醒学生使用工具时要注意安全）。 2.教师巡视指导，根据学生制作过程中可能出现的问题，在设计和制作方法上给予适当的点拨指导。 3.学生展示自己制作的纸盒房子，体验成功的乐趣。 三、组合 1.分组讨论设计方案，对制作的纸盒房子进行规划；同时，教师提醒学生注意作品布局的合理性，体验成功的快乐。 2.小组合作将纸盒房子组合成不同特色的小区。 3.将规划好的小区进行环境美化（可以把以前做过的草坪、树、路灯等规划到里面）。 4.给小区起一个好听的名字，并介绍小区的各种设施及功能。 四、展示 1.对作品进行集中展示，教师邀请大家参观。 2.各小组派代表介绍作品，分享成功的喜悦。 3.学生谈感受。（假如能在这样优美的环境里生活，应该是什么感觉） 五、拓展 今天我们学习了怎样用纸盒来制作房子，使废弃的纸盒变成了形状各异、各具特色的作品，并组成了一座美丽的城市。这说明，生活中处处都有美，我们的双眼能发现美，我们的双手能创造美！我们的生活将会更加丰富多彩！有兴趣的学生可以用这些废弃的纸盒，再创作出更多精美的作品来。